聽吳晗講古續編

恪逢這世求生不易
人鬼難分仍要為人一世

吳晗 著

中華書局

目　錄

一世為人 / 233

人鬼難分

人和鬼

在過去的時代裏，人們講迷信，相信有鬼。

據說鬼也和人一樣，有好鬼，有惡鬼。有大鬼，小鬼，男鬼，女鬼，好看的鬼，難看的鬼，文鬼，武鬼，以至大頭鬼，吊死鬼，等等。總之，人世間有的事，鬼世界裏也都有。

有了鬼的故事，自然也有說鬼話的書。從《太平廣記》所引的《靈鬼志》，到《太平御覽》、《太平廣記》都專門有幾卷講鬼的。清朝有幾個人特別喜歡講鬼故事，一個是蒲松齡，他寫了《聊齋志異》，一個是紀曉嵐，他寫了《閱微草堂筆記》，還有一個是袁子才，也喜歡講鬼。

蒲松齡和紀曉嵐筆下的鬼，形形色色，什麼樣子脾氣的都有，其中有些鬼寫得實在好，很使人喜歡。他們通過鬼的故事來諷刺、教育活着的人，說的是鬼話，其實是人話。也寫有一些活人，看着是活人，說的卻是鬼話，做的是鬼事。

大體上說來，雖然鬼是從人變的，人死後是鬼，但是人卻又怕鬼。另一面，人雖然怕鬼，卻又喜歡聽鬼故事。

怕的原因是，據說鬼又要投生變人，屈死鬼投生之前，總得要找一個替身，將人變鬼。以此人們談鬼就怕，更不用說見鬼了。倒過來，據說人死了就成鬼，人和鬼到底有關係。自己沒有作鬼的經驗，聽聽別人的也好；以此又喜歡聽鬼故事，大概也是借鑒的意思吧。

自從有了科學知識，自從有了唯物主義，懂得科學和唯物主義的人們不再相信有鬼了。但是，研究一下過去的若干鬼故事，從中了解這一時代的社會相，也畢竟有些好處。

何況，死鬼雖然不存在，活鬼卻確實有之呢！他們成天張牙舞爪要吃人，青面獠牙嚇唬人，鬼頭鬼腦擺弄人，鬼心思，鬼主意，鬼行當，鬼伙伴，總之，有那麼一小撮活鬼在興風作浪，造謠生事，播弄是非，造成緊張局勢，擺出鬼架子，鬼威風。你愈怕，他就愈狠，非把你吃掉不可。

對付活鬼的辦法是大喝一聲，你是鬼！揭穿他，讓人人都知道這是鬼。把鬼揪到陽光底下，戳穿鬼把戲，鬼伎倆，讓人們認識鬼樣子，鬼姓名，鬼親眷，鬼朋友。鬼在人們中間孤立了，也就搞不成鬼玩意了，或者變人，或者真的變鬼，這倒不妨隨他的便。

要對付活鬼，首先要不怕鬼。道理是你不怕，他就怕。這裏有幾個鬼故事是很有意思的。

第一個是蒲松齡寫的青鳳。說有一個狂生叫耿去病，聽說有一個荒廢的大宅子鬧鬼，堂門自己會開關，有時還有笑語歌吹聲。他搬了鋪蓋去住，在樓下讀書。晚上正在用功時，一個披髮鬼進來了，臉黑得像漆一樣，張着眼對他笑。耿去病也對着笑，順手把硯臺的墨汁塗上一臉，面對面瞪着眼睛看。鬼看着不對頭，滿臉羞慚溜走了。

第二個是紀曉嵐寫的吊死鬼。說是有一個姓曹的，住在一個人家。半夜裏有一個東西從門縫進來，像一張紙，變成人形，是個女人。他一點也不怕。鬼又披髮吐舌，作吊死鬼模樣，他笑說，頭髮還是頭髮，只是亂一些，舌頭還是舌頭，只是長一些，有什麼可怕。鬼又把頭摘下來，放在桌上，他笑說：有頭都不怕，何況沒頭？鬼沒有辦法，一下不見了。後來又住這房子，半夜門縫又響了，剛一露頭，他就嚷，又是這個討厭東西！鬼一聽只好不進來了。

　　另一個是大鬼。說戴東原的族祖某人膽大不怕鬼。住進一座空宅子，到晚上，陰風慘慘，出來一個大鬼，說，你真不怕？答：不怕。大鬼做了許多惡樣子，又問，還不怕？答：當然。大鬼只好客氣地說：我也不一定趕你走，只要你說一聲怕，我就走了。他說：真是豈有此理，我實在不怕，怎能說假話。你要怎樣就怎樣吧。鬼再三央告，還是不理。鬼只好歎一口氣說，我在這兒三十多年了，從來沒見過你這號頑固的人，這樣蠢才，怎能住在一起。只好走了。

　　還有一個大眼鬼。南皮許南金膽很大，在和尚廟裏讀書。夜半忽然牆上出來兩個燈，一看是一個大臉孔，兩個燈是一雙大眼睛。他說：正好，要讀書，蠟燭完了。拿一冊書背着牆，坐下就朗誦，念不了幾頁，燈光沒有了，扣壁叫喚，也不出來。又一個晚上上廁所，一個小孩給拿蠟燭，不料這個大眼鬼又出來了，對着人笑，小孩嚇倒在地下，他撿起蠟燭，就放在大眼鬼頭上，說沒有燈檯，你來得正好。大眼鬼仰着頭看，一動也不動。他又說：你哪裏不好去，偏要到這裏來！聽說海上專有人趕臭地方走的，大概就是你了。萬不可以對不起你，隨手拿一張用過的手紙抹鬼的嘴巴，大眼鬼大嘔大吐，狂吼幾聲，就不見了。從此再也不來了。

這幾個故事很不錯，蔑視、鄙視、仇視種種形色的鬼，完全合理。人氣盛了，鬼氣就衰了：人不怕鬼，鬼就怕人了。

不但對死鬼該這樣，對活鬼也該這樣。

人不可以迷信，要相信科學，尊重科學，但也不妨研究研究鬼話，鬼故事，從中得到益處。講人話的書要多讀，講鬼話的書，我以為也不妨讀讀。

原載《人民日報》，1959 年 5 月 18 日；收入《春天集》。

大明帝國和明教

　　吳元年（公元 1367 年，元至正二十七年）十二月，朱元璋的北伐大軍已平定山東；南征軍已降方國珍，移軍福建，水陸兩路都勢如破竹。一片捷報聲使應天的文武臣僚歡天喜地，估量軍力、人事，和元政府的無能腐敗，加上元朝將軍瘋狂的內訌，蕩平全國已經是算得出日子的事情了。苦戰了十幾年，為的是什麼？無非是為作大官，拜大爵位，封妻蔭子，大莊園，好奴僕，數不盡的金銀錢鈔，用不完的錦綺綢羅，風風光光，體體面面，舒舒服服過日子，如今，這個日子來了。吳王要是升一級作皇帝，王府臣僚自然也進一等作帝國將相了。朱元璋聽了朱升的話，"緩稱王"，好容易熬了這多年才稱王，稱呼從主公改成殿下，如今眼見得一統在望，再也熬不住了，立刻要過皇帝癮。真是同心一意，在前方斫殺聲中，應天的君臣在商量化家為國的大典。

　　自然，主意雖然打定，自古以來作皇帝的一套形式，還是得照樣搬演一下。照規矩，是臣下勸進三次，主公推讓三次，文章都是刻板的濫調，於是，文班首長中書省左丞相宣國公李善長率文武百官奉表勸進："開基創業，既宏盛世之興圖，應天順人，宜正大君之寶位……既膺在躬之曆數，必當臨御於宸居，伏冀俯從眾請，早定尊稱。"不用三推三讓，只一勸便答應了。十天後，朱元璋搬進新蓋的宮殿，把要作皇帝的意思，祭告於上帝皇祇說："惟我中國人民之君，自宋運告終，帝命真人於沙漠，入中國為天下主，其君臣父子及孫百有餘年，今運亦終。其天下土地人民，豪傑分爭。惟臣帝賜英賢，為臣之輔，遂戡定諸雄，息民於田野。今地周迴二萬里廣，諸臣下皆曰生民無主，必欲推尊帝號，臣不敢辭，亦不敢不告上帝皇祇。是用明年正月四日於鍾山之陽，設壇備儀，昭告帝祇。惟簡在帝心，如臣可為生民主，告祭之日，帝祇來臨，天朗氣清。如臣不可，至日當烈風異景，使臣知之。"[1]

即位禮儀也決定了，這一天先告祀天地，再即皇帝位於南郊，丞相率百官以下和都民耆老拜賀舞蹈，連呼萬歲三聲。禮成，具皇帝鹵簿威儀導從，到太廟追尊四代祖父母父母都為皇帝皇后，再祭告社寢。於是皇帝服袞冕，在奉天殿受百官賀。天地社稷祖先百官和都民耆老都承認了，朱元璋成為合法的皇帝。

皇帝的正殿命名為奉天殿，皇帝詔書的開頭也規定為奉天承運。原來元時皇帝白話詔書的開頭是長生天氣力裏，大福蔭護助裏，文言的譯作上天眷命，朱元璋以為這口氣不夠謙卑奉順，改作奉作承，為"奉天承運"，表示他的一切行動都是奉天而行的，他的皇朝是承方興之運的，誰能反抗天命？誰又敢於違逆興運？

洪武元年正月初四日，朱元璋和文武臣僚照規定的禮儀節目，逐一搬演完了，定有天下之號曰大明，建元洪武，以應天為京師。去年年底，接連下雨落雪，陰沉沉的天氣，到大年初一雪停了，第二天天氣更好，到行禮這一天，竟是大太陽，極好的天氣，元璋才放了心。回宮時忽然想起陳友諒采石磯的故事，作皇帝這樣一椿大事，連日子也不挑一個，鬧得拖泥帶水。衣冠污損，不成體統，實在好笑，甚怪不得他沒有好下場。接着又想起這日子是劉基揀的，真不錯，開頭就好，將來會更好，子子孫孫都會好，越想越喜歡，不由得在玉輅裏笑出聲來。

奉天殿受賀後，立妃馬氏為皇后，世子標為皇太子，以李善長、徐達為左右丞相，各文武功臣也都加官進爵。皇族不管死的活的，全都封王，一霎時鬧鬧攘攘，欣欣喜喜，新朝廷上充滿了蓬勃的氣象，新京師裏添了幾百千家新貴族，歷史上也出現了一個新朝代。[2]

皇族和其他許多家族組織成功一個新統治集團，代表這集團執行統治的機構是朝廷，這朝廷是為朱家皇朝服務的，朱家皇朝的建立者朱元璋，給他的皇朝起的名號——大明。

大明這一朝代名號的決定，事前曾經過長期的考慮。

歷史上的朝代稱號，都有其特殊的意義。大體上可以分作四類：第一類用初起時的地名，如秦如漢。第二類用所封的爵邑，如隋如唐。第三類用特殊的物產，如遼（鑌鐵）如金。第四類用文字的含義，如大真大元。[3] 大明不是地名，也不是爵邑，更非物產，應該歸到第四類。

大明這一國號出於明教。明教有明王出世的傳說，主要的經典有《大小明王出世經》，經過了五百多年公開的祕密的傳播，明王出世成為民間所熟知所深信的預言。這傳說又和佛教的彌勒降生說混淆了，彌勒佛和明王成為二位一體的人民救主。韓山童自稱明王起事，敗死後，他的兒子韓林兒繼稱小明王，西系紅軍別支的明昇也稱小明王。朱元璋原來是小明王的部將，害死小明王，繼之而起，國號也稱大明。[4] 據說是劉基提出的主意。[5]

朱元璋部下分紅軍和儒生兩個系統，這一國號的採用，使兩方面人都感覺滿意。就紅軍方面說，大多數都起自淮西，受了彭瑩玉的教化，其餘的不是郭子興的部曲，就是小明王的餘黨，天完和漢的降將，總之，都是明教徒。國號大明，第一表示新政權還是繼承小明王這一系統，所有明教徒都是一家人，應該團結在一起，共用富貴。第二告訴人"明王"在此，不必癡心妄想，再搞這一套花樣了。第二，使人民安心，本本分分，來享受明王治下的和平合理生活。就儒生方面說，固然和明教無淵源，和紅軍處於敵對地位，用盡心機勸誘朱元璋背叛明教，遺棄紅軍，暗殺小明王，另建新朝代，可是，對於這一國號，卻用儒家的看法去解釋。"明"是光亮的意思，是火，分開來是日月，古禮有祀"大明"朝"日"夕"月"的說法，千多年來"大明"和日月都算是朝廷的正祀，無論是列作郊祭或特祭，都為歷代皇家所看重，儒生所樂於討論的。而且，新朝是起於南方的，和以前各朝從北方起事平定南方的恰好相反，拿陰陽五行之說來推論，南方為火，為陽，神是祝融，顏色赤，北方是水，屬陰，神是玄冥，顏色黑，元朝建都北平，起自更北的蒙古大漠，那麼，以火制水，以陽消陰，以明剋暗，不是恰好？再則，歷史上的宮殿名稱有大明宮大明殿，古神話裏，"朱明"一名詞把國姓和國號聯在一起，尤為巧合。因此，儒生這一系統也贊成用這國號。一些人是從明教教義，一些人是從儒家經說，都以為合式，對勁。[6]

元朝末年二十年的混戰，宣傳標榜的是"明王出世"，是"彌勒降生"的預言。朱元璋是深深明白這類預言，這類祕密組織的意義的。他自己從這一套得到機會和成功，成為新興的統治者，要把這份產業永遠保持下去，傳之子孫，再也不願意、不許別的人也來耍這一套，危害治權。而且，"大明"已經成為國號了，也應該保持它的尊嚴。為了這，建國的第一年就用詔書禁止一切邪教，尤其是白蓮社、大明教和彌勒教。接着把這禁令正式公佈為法律，《大明律·禮律·禁止師巫邪術》條規定："凡師巫假降邪神，書符咒水，扶鸞禱聖，自號端公、太保、師婆，及妄稱彌勒佛、白蓮社、明尊教、白雲宗等會，一應左道亂正之術，或隱藏圖像，燒香集眾，夜聚曉散，佯修善事，煽惑人民，為首者絞，為從者各杖一百，流三千里。"句解：

"端公、太保,降神之男子;師婆,降神之婦人。白蓮社如昔遠公修淨土之教,今奉彌勒佛十八龍天持齋念佛者。明尊教謂男子修行齋戒,奉牟尼光佛教法者。白雲宗等會,蓋請釋氏支流派分七十二家,白雲持一宗如黃梅曹溪之類也。"明尊教即明教,牟尼光佛即摩尼。《昭代王章·條例》:"左道惑眾之人,或燒香集徒,夜聚曉散,為從者及稱為善友,求討佈施,至十人以上,事發,屬軍衛者俱發邊衛充軍,屬有司者發口外為民。"善友也正是明教教友稱號的一種。招判樞機定師巫邪術罪款說:"有等捏怪之徒,罔顧明時之法,乃敢立白蓮社,自號端公,拭清風刀,人呼太保,嘗云能用五雷,能集方神,得先天,知後世,凡所以煽惑人心者千形萬狀,小則人迷而忘親忘家,大即心惑而喪心喪志,甚至聚集成黨,集黨成禍,不測之變,種種立見者,其害不可勝言也。"[7] 何等可怕,不禁怎麼行?溫州、泉州的大明教,從南宋以來就根深蒂固流傳在民間,到明初還"造飾殿堂甚侈,民之無業者咸歸之"。因為名犯國號,教堂被毀,教產被沒收,教徒被逐歸農。[8] 甚至宋元以來的明州,也改名為寧波。[9]

明教徒在嚴刑壓制之下,只好再改換名稱,藏形匿影,暗地裏活動,成為民間的祕密組織了。

事實是,法律的條款和制裁,並不能,也不可能滿足人民對政治的失望。朱元璋雖然建立了大明帝國,並沒有替人民解除了痛苦,改善了生活,故二十年後,彌勒教仍在農村裏傳播，尤其是江西。朱元璋在洪武十九年年底誥誡人民說："元政不綱，天將更其運祚，而愚民好作亂者興焉。初本數人，其餘愚者聞此風而思為之，合共謀倡亂。是等之家，吾親目睹……秦之陳勝、吳廣，漢之黃巾，隋之楊玄感、僧向海明，唐之王仙芝，宋之王則等輩，皆係造言倡亂首者……致干戈橫作，物命損傷者既多。比其事成也，天不與首亂者，殃歸首亂，福在殿興。今江西有等愚民，妻不諫夫，夫不戒前人所失，夫婦愚於家，反教子孫，一概念誦南無彌勒尊佛，以為六字，又欲造禍，以殃鄉里……今後良民凡有六字者即時燒毀，毋存毋奉，永保己安，良民戒之哉！"特別指出凡是造言首事的都沒有好下場，"殃歸首亂"，只有自己是跟從的，所以"福在殿興"。勸人民不要首事肇禍，脫離彌勒教，翻來覆去地說，甚至不惜拿自己作例證，可以看出當時民間對現實政治的不滿意，和渴望光明的情形。

政府對明教的壓迫雖然十分嚴厲，小明王在西北的餘黨卻仍然很活躍。從洪武初年到永樂七年（公元 1409）四十多年間，王金剛奴自稱四天王，在洮縣西黑山天池平等處，以佛法惑眾，其黨田九成自稱後明皇帝，年號還是龍鳳，高福興自稱彌勒佛，帝號和年號都直承小明王，根本不承認這個新興的朝代。前後攻破屯寨，殺死官軍。[10]同時西系紅軍的根據地蘄州，永樂四年"妖僧守座聚男女立白蓮社，毀形斷指，假神煽惑"被殺。永樂七年在湘潭，十六年在保定新城縣，都曾爆發彌勒佛之亂。[11] 以後一直下來，白蓮教明教的教徒在不同時期、不同地點的傳播以至起義，可以說是史不絕書。雖然都被優勢的武力所平定了，也可以看出這時代，人民對政府的看法和憤怒的程度。[12]

選自《朱元璋傳》（1948 年本）第四章第一節。

註　釋

1　《明太祖實錄》卷二四。

2　《明太祖實錄》卷二五。

3　趙翼：《廿二史劄記》卷二九，《元建國始用文義》條。

4　孫宜：《洞庭集‧大明初略》四："國號大明，承林兒小明號也。" 吳晗：《明教與大明帝國》，載《清華學報》卅周年紀念號。

5　祝允明：《野記》一。

6　吳晗：《明教與大明帝國》。

7　以上並據《玄覽堂叢書》本《昭代王章》。

8　宋謙：《芝園續集》卷四，《故岐寧衛經歷熊府君墓銘》；何喬遠：《閩書》卷七，《方域志》。

9 呂毖:《明朝小史》卷二。

10 《明成祖實錄》卷九十;沈德符:《野獲編》卷三十,再僭龍鳳年號。

11 《明成祖實錄》卷五六、九六、二百。

12 節文參看吳晗:《明教與大明帝國》。

魏忠賢的生祠及其他

（一）生祠

　　替活人蓋祠堂叫做生祠，大概是從哪一個時代父母官"自動"請老百姓替他立長生祿位而擴大之的。單有牌位不過癮，進一步而有畫像，後來連畫像也不夠格了，進而為塑像。有了畫像塑像自然得有宮殿，金碧輝煌，初一十五文武官員一齊來朝拜，文東武西，環珮鏗鏘，口中念念有詞，好不風光，好不威武。

　　歷史上生祠蓋得最多的是魏忠賢，蓋得最漂亮的是魏忠賢的生祠，蓋得最起勁的是魏忠賢的乾兒子乾孫子乾曾孫子重孫子灰孫子。

　　據《明史·魏忠賢傳》說，天啟六年（公元 1626）魏忠賢大殺反對黨，周起元、高攀龍、周宗建、繆昌期、周順昌、黃尊素、李應昇一些東林黨人一網打盡之後，修《三朝要典》（《東林罪狀錄》），立"東林黨人碑"之後，浙江巡撫潘汝楨奏請為忠賢建祠。跟着是一大堆官歌頌功德。於是督撫大吏閻鳴泰、劉詔、李精白、姚宗文等搶先建立生祠。風氣一成，連軍人、作買賣的流氓棍徒都跟着來了，造成一陣建祠熱，而且互相比賽，越富麗越好。地皮有的是，隨便圈老百姓的，材料也不愁，砍老百姓的。

接着道統論也被提起了，監生陸萬齡建議以魏忠賢配享孔子，忠賢的父親配享啟聖公。有誰敢說個不字？

當潘汝楨請建生祠的奏本到達朝廷後，御史劉之待簽名遲了一天，立刻革職。蘇州道胡士容不識相，沒有附和請求，遵化道耿如杞入生祠沒有致最敬禮——下拜，都下獄判死刑。

據《明史·閻鳴泰傳》，建生祠最多的是少師兼太子太師、兵部尚書閻鳴泰，在薊遼一帶建了七所。在頌文裏有"民心歸依，即天心向順"的話。

潘汝楨所建忠賢生祠，在杭州西湖，朝廷賜名普德。

這年十月孝陵衞指揮李士才建忠賢生祠於南京。

次年正月宣大總督張樸、宣府巡撫秦士文、宣大巡按張素養建祠於宣府和大同。應天巡撫毛一鷺、巡按王拱建祠於虎丘。

二月閻鳴泰又和順天巡撫劉詔、巡按倪文煥建祠於景忠山。宣大總督張樸又和大同巡撫王點、巡按張素養在大同建立第二個生祠。

三月閻鳴泰又和劉詔、倪文煥、巡按御史梁夢環建祠於西密雲丫髻山，又建於昌平，於通州。太僕寺卿何宗聖建於房山。

四月閻鳴泰和巡撫袁崇煥建祠於寧前。張樸和山西巡撫曹爾禎、巡按劉弘光又建於五臺山。庶吉士李若琳建於蕃育署，工部郎中曾國禎建於蘆溝橋。

五月通政司經歷孫如冽、順天府尹李春茂建祠於宣武門外，巡撫朱童蒙建於延綏，巡視五城御史黃憲卿、王大年、汪若極、張樞智，建於順天，戶部主事張化愚建於崇文門外，武清侯李誠銘建於藥王廟，保定侯梁世勳建於五軍營、大教場，登萊巡撫李嵩、山東巡撫李精白建於蓬萊閣宣海院，督餉尚書黃運泰、保定巡撫張鳳翼、提督學政李蕃、順天巡按倪文煥建於河間、於天津，河南巡撫郭增光、巡按鮑奇謨建於開封，上林監丞張永祚建於良牧嘉蔬林衡三署，博平侯郭振明建於都督府、於錦衣衛。

六月總漕尚書郭尚友建祠於淮安。順天巡按盧承欽、山東巡按黃憲卿、順天巡按卓邁，也在六月分別在順天、山東建祠。

七月長蘆巡鹽冀萃肅、淮揚巡鹽許其孝、應天巡按宋禎漢、陝西巡按莊謙建祠於長蘆、淮揚、應天、陝西等地。

八月總河李從心、總漕郭尚友、山東巡撫李精白、巡按黃憲卿、巡糟何可及建祠於濟寧。湖廣巡撫姚宗文、鄖陽撫治梁應澤、湖廣巡按溫皋謨建祠於武昌，於承天，於均州。三邊總督史永安、陝西巡按胡建晏、巡按莊謙、袁鯨建於固原大白山，楚王朱華奎建於高觀山，山西巡撫牟志夔、巡按李燦然、劉弘光建於河東。

踴躍修建的官員，從朝官到外官，從文官到武官，從大官到小官，到親王勳爵、治河官、賣鹽官，沒有一個不爭先恐後，統一建生祠。

建立的地點從都城到省城，到名山，甚至都督府、錦衣衛、五軍營等軍事衙門，蕃育署、上林監等宮廷衙門，甚至建立到皇城東街。只要替魏忠賢建生祠，沒有誰可以攔阻。

每一祠的建立費用，多的要數十萬兩銀子，少的也要幾萬兩，合起今天的紙幣要以多少億計。

開封建祠的時候，地方不夠大，毀了民房二千多間，用滲金塑像。

都城幾十里的地面，到處是生祠。上林苑一地就有四個。

延綏生祠用琉璃瓦，薊州生祠金像用冕旒。南昌建生祠，毀周程三賢祠，出賣澹臺滅明祠作經費。

督餉尚書黃運泰迎像，用五拜三稽首禮，立像後又率文武將吏列階下五拜三稽首。再到像前祝告，某事幸虧九千歲（這些魏忠賢的黨羽子孫稱皇帝為萬歲，忠賢九千歲）扶持，行一套禮，又某事蒙九千歲提拔，又行一套禮。退還本位以後，再行大禮。又特派遊擊將軍一人守祠，以後凡建祠的都依例派專官看守。

國子監生（大學生）陸萬齡以孔子作春秋，忠賢作要典，孔子殺少正卯，忠賢殺東林黨人，應在國學西建生祠和先聖並尊。這簡直是孔子再世，道統重光了。國子司業（大學校長）朱之俊接受了這意見，正預備動工，不湊巧天啟皇帝駕崩，政局一變，魏忠賢一下子從雲端跌下來了。

崇禎帝即位，魏忠賢自殺。崇禎二年（公元 1629）三月定逆案，全國魏忠賢生祠都拆毀，建生祠的官員也列名逆案，依法處刑。

《三朝要典》的原刻本在北平很容易見到，印得非常考究，大有翻印影印流傳的必要。

魏忠賢的辦公處東廠，原來叫東廠胡同，從沙灘一轉彎便是。中央研究院北平辦事處在焉，近來改為東昌胡同了，不知是敵偽改的，還是最近改的。其實何必呢？魏忠賢之臭，六君子的血，留着這個名詞讓北平市民多想想也是好的。

（二）義子乾孫

魏忠賢不大識字，智力也極平常。他之所以能弄權，第一私通熹宗的奶媽客氏，宮中有內線。熹宗聽客氏的話，忠賢就可以為所欲為。第二是熹宗庸駭，十足的阿斗，凡事聽憑忠賢作主張。

光是這兩點，也不過和前朝的劉瑾、馮保一樣，還不至於起黨獄，開黑名單，建生祠，稱九千歲，鬧得民窮財盡，天翻地覆。原因是第一，政府在他手上，首相次相不但和他合作，魏廣微還和這位太監攀通家，送情報，居然題為內閣家報。其二是，他有政權，就能養活一批官，反正官爵都出於朝廷，俸祿都出於國庫。凡要官者入我門來，於是政權軍權合一，內廷外廷合一。魏忠賢的威權不但超過過去任何一個宦官，也超過任何一個權相，甚至皇帝。

《明史》說，內外大權，一歸忠賢。內監（宦官）自王體乾等外，又有李朝欽、王朝輔、孫進、王國泰、梁棟等三十餘人為"左右擁護"。外廷文臣則崔呈秀、田吉、吳淳夫、李夔龍、倪文煥主謀議，號"五虎"。武臣則田爾耕、許顯純、孫雲鶴、楊寰、崔應元主殺戮，號"五彪"。又吏部尚書周應秋、太僕卿曹欽程等號"十狗"。又有"十孩兒"、"四十孫"之號。而為呈秀輩門下者又不可數計。

　　"虎"、"彪"、"狗"都是魏忠賢的義子。舉例說，崔呈秀在天啟初年巡按淮揚，貪污狡獪，不修士行，看見東林正紅得發紫，想盡方法要擠進去，被拒不納。四年還朝，都察院都御史高攀龍盡列他在淮揚的貪污條款，提出彈劾。吏部尚書趙南星批定充軍處分。朝命革職查辦。呈秀急了，半夜裏到魏忠賢家叩頭乞哀，求為養子。結果呈秀不但復職，而且升官，不但升官，而且成為忠賢的謀主，殘殺東林的劊子手了。兩年後作到兵部尚書兼都察院左都御史。兒子不會作文也中了舉，兄弟作浙江總兵官，女婿呢，吏部主事，連姨太太的兄弟、唱小旦的也作了密雲參將。

　　其他四"虎"吳淳夫是工部尚書，田吉兵部尚書，倪文煥太常卿，李夔龍副都御史。都是呈秀拉繹拜在忠賢門下當義子的。

　　"十狗"中如曹欽程，《明史》本傳說："由座主馮銓父事魏忠賢為十狗之一……於群小中尤無恥，日夜走忠賢門，卑諂無所不至，同類頗羞稱之。"到後來，連魏忠賢也不喜歡他了，責以敗群革職，可是此狗在被趕出門時，還向忠賢叩頭說：“君臣之義已絕，父子之恩難忘。”大哭一場而去。忠賢死後，被處死刑，關在牢裏等行刑。日子久了，家人也厭煩，不給送飯。他居然有本領搶別人的牢飯，成天醉飽。李自成陷北京，破獄出降。自成失敗西走，此狗也跟着，不知所終。

“十孩兒”中有個石三畏，鬧了個不大不小的笑話。有一天某貴戚請吃飯，在座的有魏忠賢的侄兒魏良卿。三畏喝醉，點戲點了《劉瑾醉酒》，犯了忌諱。忠賢大怒，立刻革職回籍。忠賢死後，他還藉此復官，到頭還是被彈劾免職。

這一群虎狗彪兒孫細按本傳，有一個共通的特徵，幾乎沒有個不是貪官污吏。

例外的也有：如造《點將錄》的王紹徽，早年“居官強執，頗以清操聞”。還有作《春燈謎》、《燕子箋》、文采風流、和左光斗諸人交遊的阮大鋮，和葉向高同年友好的劉志選，以及《玉芝堂談薈》作者的周應秋，都肩着當時“社會賢達”的招牌，頗有名氣的，只是利慾熏心，想作官，想作大官，要作官迷得發了瘋，一百八十度一個大轉彎，拜在魏忠賢膝下，終至身敗名裂，在《明史》裏列名閹黨傳。阮大鋮在崇禎朝寂寞了十幾年，還在南京冒充東林，附庸風雅，千方百計要證明他是東林，千方百計要洗去他當魏璫乾兒的污漬，結果被一批年青氣盛的東林子弟出了留都防亂揭，“鳴鼓而攻之”，落得一場沒趣。孔雲亭的《桃花扇》真是妙筆奇文，到今天讀了，還覺得這付嘴臉很熟，如"聞其聲"，如"見其人"。

（三）黑名單

黑名單也是古已有之的，著例還是魏忠賢時代。

《明史·魏忠賢傳》說："（天啟四年〔公元 1624〕忠賢用崔呈秀為御史。）呈秀造《天監》、《同志》諸錄，王紹徽亦造《點將錄》，皆以鄒元標、顧憲成、葉向高、劉一燦等為魁，盡羅入不附忠賢者，號曰東林黨人，獻於忠賢。忠賢喜。於是群小益求媚忠賢，攘臂攻東林矣。"

替魏忠賢造名單的，有魏廣微、顧秉謙，都是大學士（宰相）。名單有黑紅兩種，《明史·顧秉謙傳》說："（廣微和秉謙謀）盡逐諸正人，點《縉紳便覽》一冊，若葉向高、韓爌、何如寵、成基命、繆昌期、姚希孟、陳子壯、侯恪、趙南星、高攀龍、喬允升、李邦華、鄭三俊、楊漣、左光斗、魏大中、黃尊素、周宗建、李應昇等百餘人目為邪黨，而以黃克纘、王永光、徐大化、賈繼春、霍維華等六十餘人為正人。由閹人王朝用進之，俾據是為黜陟。忠賢得內閣為羽翼，勢益張。秉謙、廣微亦曲奉忠賢，若奴役然。"

《縉紳便覽》是當時坊間出版的朝官人名錄。魏廣微、顧秉謙根據這名單來點出正人邪人，必定是用兩種顏色，以今例古，必定是紅黑兩種顏色，是可以斷言的。

崔呈秀比這兩位宰相更進一步，抄了兩份。一份是《同志錄》，專記東林黨人，是該殺該關該革職該充軍的。另一份是《天鑒錄》，是東林的仇人，也就是反東林的健將，是自己人。據《明史·崔呈秀傳》說："忠賢憑以黜陟，善類為一空。"

　　《明史·曹欽程傳附盧承欽傳》：承欽又向政府提出──

> 　　「東林自顧憲成、李三才、趙南星而外，如王圖、高攀龍等謂之副帥，曹于汴、湯兆京、史記事、魏大中、袁化中謂之先鋒，丁元薦、沈正宗、李朴、賀烺謂之敢死軍人，孫丕揚、鄒元標謂之土木魔神，請以黨人姓名榜示海內。」忠賢大喜，敕所司刊籍，凡黨人已罪未罪者悉編名其中。

這又更進一步了，不但把東林人列在黑名單上，而且還每人都給一個綽號、匪號，其意義正如現在一些刊物上的聞一多夫、羅隆斯基同。

　　王紹徽，魏忠賢用為吏部尚書，仿民間《水滸傳》，編東林一百零八人為《點將錄》獻上，令按名黜汰，以是越發為忠賢所喜。紹徽也名列《明史·閹黨傳》。

　　這幾種黑名單十五六年前都曾讀過，記得最後一種《點將錄》，李三才是托塔天王，黃尊素是智多星，每人都配上《水滸傳》裏的綽號，而且還分中軍左軍右軍，天罡地煞，很整齊。似乎還是影印本。可惜記憶力差了，再也記不起在什麼叢書中見到。可惜！可惜！

原題《關於魏忠賢》，選自《史事與人物》。

《明史》中的前知者與神鬼

　　人能窮天人之變，明天人之際，即能前知。因為人身即一小宇宙，天之風雲雷雨，即人之咳喘喜怒，人可由表情而探知其內心及舉動，天亦可由其表情以究其意向。即數百年後事亦可預知，卷三十記諸葛亮預言張獻忠之死：

> 成都東門外鎮江橋迴瀾塔，萬曆中布政余一龍所修也。張獻忠破蜀毀之，穿地取磚，得古碑，上有篆書云：「修塔余一龍，拆塔張獻忠，歲逢甲乙丙，此地血流紅，妖運終川北，毒氣播川東，吹簫不用竹，一箭貫當胸。漢元興元年，丞相諸葛孔明記。」本朝大兵西征，獻忠被射而死，時肅王為將。

　　程濟預言燕兵叛變月日和祭碑除名，卷一百四十三《牛景先傳》：

> 程濟朝邑人，有道術⋯⋯惠帝即位，濟上書言某月日北方兵起，帝謂非所宜言，逮至，將殺之。濟大呼曰：「陛下幸囚臣，臣言不驗，死未晚。」乃下之獄，已而燕兵起，釋之⋯⋯
>
> 徐州之捷，諸將樹碑紀功，濟一夜往祭，人

莫測。後燕王過徐，見碑大怒，趣左右椎之，再椎，遽曰："止，為我錄文來。"已，按碑行誅，無得免者。而濟名適在椎脫處。

劉基且能預知飛炮及否，趣太祖易船。卷一百二十八本傳：

（太祖）自將救洪都，與（陳）友諒大戰鄱陽湖，一日數十接。太祖坐胡床督戰，基侍側，忽躍起大呼，趣太祖更舟，太祖倉卒徙別舸，坐未定，飛礮擊舊所御舟立碎，友諒乘高見之大喜，而太祖舟更進，漢軍皆失色。

周顛能預知風時，多著靈異，明太祖是一個佛門弟子，也替他寫一篇《周顛仙傳》來張揚其事。卷二百九十九本傳：

太祖攜之行，舟次安慶，無風，遣使問之，曰："行則有風。"遂命牽舟進，須臾風大作，直抵小孤。

宇宙形成的元素是金木水火土五行，相生相勝。如能明白這五個元素的生勝之理，也就可以決定未來的事和求得所需要的事。例如《劉基傳》說：

時湖中相持三日未決，基請移軍湖口扼之，以金木相犯日決勝，友諒走死。

大旱則決滯獄即可以致雨：

> 大旱，請決滯獄，即命基平反，雨隨注。（同
> 上）

卷一百八十《汪奎傳》：

> （汪舜民官）福建按察使……歲旱，禱不應，
> 躬蒞臨福州獄，釋枉繫輕罪者，所部有司皆清
> 獄，遂大雨。

通常的方法是祈禱於神。卷二百八十一《湯紹恩傳》：

> （湯紹恩官紹興知府）歲大旱，徒步禱烈日
> 中，雨即降。

《丁積傳》：

> （官新會知縣）歲大旱，築壇圭峰頂，昕夕伏
> 壇下者八日，雨大澍，而積遂得疾以卒。

卷二百六十七《馬從聘傳》：

> （耿蔭樓）天啟中任臨淄知縣，久旱，囚服暴
> 烈日中，哭於壇，雨立澍。攝壽光，禱雨如臨淄。

卷一百六十二《盛愚顓傳》：

山東旱饑，盜起，改顯左副都御史往巡撫。顯至，露禱，大雨霑漑，槁禾復蘇。

卷二百八十一《方克勤傳》：

> 永嘉侯朱亮祖嘗率舟師赴北平。水涸，役夫五千浚河，克勤不能止，泣禱於天，忽大雨，水深數尺，舟遂達，民以為神。

清官祈雨最靈，一求就下，成為求雨專家。卷二百六十三《蔡懋德傳》：

> 起井陘兵備。旱，懋德禱即雨，他鄉爭迎以禱，又輒雨。

卷二百九十一《顏胤紹傳》：

> （陳三接）知河間縣，歲旱饑，人相食。三接至，雨即降。

也有用威嚇當時城隍神的手段以致雨者，卷二百五十九《熊廷弼傳》：

> 歲大旱，廷弼行部金州，禱城隍神，約七日雨，不雨毀其廟。及至廣寧，逾三日，大書白牌封劍，使使往斬之，未至，風雷大作，雨如注，遼人以為神。

卷二百六十六《王章傳》：

> 出按甘肅……兩河旱。章檄城隍神："御史
> 受錢或戕害人，神殛御史毋虐民。神血食茲土，
> 不能請上帝蘇一方，當奏天子易爾位。"檄焚，
> 雨大注。

在遇到他們所認為不能解決的事，如水災、蝗災、虎災、瘟疾等情形的時候，唯一的方法也只是向神祈禱，求神恩惠。如卷二百六十一《邱民仰傳》：

> （官東安知縣）河嚙，歲旱蝗，為文祭禱，
> 河他徙，蝗亦盡。

一禱之力，竟能使河徙故道，真是太便宜的事！卷二百八十一《謝子襄傳》：

> 子襄治處州，聲績益著。郡有虎患，歲旱
> 蝗，禱於神，大雨二日，蝗盡死，虎亦遁去。

《湯紹恩傳》：

> 紹恩遍行水道，至三江口，見兩山對峙，喜
> 曰："此下必有石根，余其於此建閘乎？"募善水
> 者探之，果有石脈橫亙兩山間，遂興工，先投以
> 鐵石，繼以籠盛礱屑沉之，工未半，潮沖蕩不能

30

就，怨讟煩興，紹恩不為動，禱於海神，潮不至者累日。工遂竣。

日照民江伯兒禱神求療母疾，甚至殺子以祀。卷二百九十六《沈德四傳》：

> 日照民江伯兒母疾，割脇肉以療，不癒。禱岱嶽神，母疾瘳，願殺子以祀。已果瘳，竟殺其三歲兒。

在神祇中也有像《史記》所描寫的那種遊俠一流的人物，見了忠臣孝子節婦一流人遭了不幸時，便自動地出來幫忙。卷二百八十九《花雲傳》：

> 雲被執，（妻）郜赴水死，侍兒孫瘞畢，抱兒行，被掠至九江。孫夜投漁家，脫簪珥屬養之，及漢兵敗，孫復竊兒走渡江，遇償軍奪舟棄江中，浮斷木入葦洲，採蓮實哺兒，七日不死，夜半有老父雷老挈之行，逾年達大祖所，孫抱兒拜泣，大祖亦泣，置兒膝上曰：「將種也。」賜雷老衣，忽不見。

卷三百二《李孝婦傳》的神僧，也是成功不居和雷老同一行徑：

> 李孝婦⋯⋯名中姑，適江西桂廷鳳。姑鄧患
> 痰疾將不起，婦涕洟憂悼，聞有言乳肉可療者，
> 心識之。一日煮藥，爇香禱灶神，自割一乳，昏
> 仆於地，氣已絕。廷鳳呼藥不至，出視見血流滿
> 地，大驚呼救，傾駭城市，邑長佐皆詣其廬，命
> 醫治，俄有僧踵門曰："以室中蘄艾傅之，即癒。"
> 如其言，果蘇，比求僧不復見矣。乃取乳和藥奉
> 姑，姑竟獲全。

神或從夢中指示，作義務醫生，卷二百九十四《徐學顏
傳》：

> 母疾，禱於天，請以身代。夜夢神人授藥，
> 旦識其形色，廣覓之，得荊瀝，疾遂癒。

或指示窖藏，使節婦不致餓死。卷三百二《玉亭縣君傳》：

> 萬曆二十一年河南大饑，宗祿久缺，紡績三
> 日，不得一殮，母子相持慟哭。夜分夢神語曰：
> "汝節行上聞於天，當有以相助。"晨興，母子述
> 所夢皆符，頗怪之。其子曰："取屋後土作坯，易
> 粟。"其日掘土得錢數百，自是每掘輒得錢。一
> 日，舍旁地陷，得石炭一窖，取以供爨，延兩月
> 餘，官俸亦至。

或指示孝子以父兄所在，使得完聚。卷二百九十七《趙重華傳》：

> 七歲時，父廷瑞遊江湖間久不返，重華長，謁郡守請路引，榜其背曰"萬里尋親"……且行且乞，遇一老僧呼問其故，笑曰："汝父客無錫南禪寺中。"語訖忽不見，重華急趨至寺，果其父，出路引示之，相與慟哭，留數日乃還雲南。

《邱緒傳》：

> （緒）生母黃，為嫡余所逐，不復相聞，已二十年矣。一夕，夢人告曰："若母在台州金鰲寺前。"輾轉追尋，卒得母迎歸，備極孝養。（節錄）

王原之尋得其父，則靠神祠一夢，得人解釋：

> 正德中父珣以家貧役重逃去，既娶……號泣辭母去，遍歷山東南北，去來者數年。一日渡海至田橫島，假寐神祠中，夢至一寺，當午炊莎和肉羹食之。一老父至，驚覺，原告之夢，請占之，老父曰："若何為者？"曰："尋父。"老父曰："午者，正南位也，莎根附子，肉和之，附子膾也。求諸南方，父子其會乎？"原喜謝去，而南逾洺漳至輝縣帶山，有寺曰夢覺……寺僧力勸

之，父子相持歸，夫妻子母復聚。

黃璽之尋得其兄，亦靠神示：

> 兄伯震，商十年不歸。璽出求之，經行萬里
> 不得蹤跡，最後至衡州，禱南嶽廟，夢神人授以
> "纏綿盜賊際，狼狽江漢行"二句，一書生告之
> 曰："此杜甫《舂陵行》詩也。舂陵今道州，曷
> 往尋之。"璽從其言……則其兄也，遂奉以歸。

孝肅皇后之尋得失去之弟，係由伽藍神夢示，且與英宗同
時夢見。卷三百《周能傳》：

> 先是孝肅有弟吉祥，兒時出遊去為僧，家人
> 莫知所在，孝肅亦若忘之。一夕夢伽藍神來言后
> 弟今在某所。英宗亦同時夢。旦遣小黃門以夢中
> 言物色，得之報國寺伽藍殿中。

施邦曜之作獸吻，亦由神示。卷二百六十五本傳：

> （魏）忠賢欲困之，使拆北堂，期五日，適大
> 風拔屋，免譙責。又使作獸吻，仿嘉靖間製，莫
> 考，夢神告之，發地得吻，嘉靖舊物也。忠賢不
> 能難。

遇有人間不平事時，天亦表示意見，如卷三百七《逯杲傳》：

呆所遣校尉誣寧府弋陽王奠墰母子亂。帝遣官往勘，事已白。靖王奠培等亦言無左驗。帝怒責呆，呆執如初，帝竟賜奠墰母子死。方舁屍出，大雷雨，平地水數尺，人咸以為冤。

有時且採積極行動，卷三百二《馬氏傳》：

馬節婦年十六歸平湖諸生劉濂，十七而寡，翁家甚貧，利其再適，必欲奪其志……陰納沈氏聘，其姑誘與俱出，令女奴抱持納沈舟，婦投河不得，疾呼天救我，須臾風雨晝晦，疾雷擊舟，欲覆者數四，沈懼，乃旋舟還之。

甚至為人復仇，卷三百一《姚孝女傳》：

招遠有孝女不知其姓。父採石南山，為蟒所吞。女哭之，願見父屍同死，俄傾大雷電擊蟒墮女前，腹裂見父屍，女負土掩，觸石而死。

鬼的靈異也不下於神，死後的性情完全和生前無異，且能附生人體和人對話。卷一百六十五《毛吉傳》是一個好例子：

方吉出軍時，齎千金犒，委驛丞余文司出入，已用十之三。吉既死，文憫其家貧，以所餘金授吉僕，使持歸治喪。是夜，僕婦忽坐中堂作吉語，顧左右曰："請夏憲長來。"舉家大驚，走告按察使夏塤，塤至，起揖曰："吉受國恩，不幸死於賊。今余文以所遺官銀付吉家，雖無文簿可考，吉負垢地下矣。願亟還官，毋污我。"言畢仆地，頃之始蘇。於是歸金於官。

亦能報生前之仇，卷一百七十三《范廣傳》：

（廣與石亨、張軏不相能，）及英宗復辟，亨、軏恃奪門功，誣（范）廣黨附于謙，謀立外藩，遂下獄論死……明年春軏早朝還，途中為拱揖狀，左右怪問之，曰："范廣過也。"遂得疾不能睡，痛楚月餘而死。

卷一百六十二《尹昌隆傳》：

（呂震數陷昌隆，）谷王謀反事發，以王前奏昌隆為長史，坐以同謀，詔公卿雜問，昌隆辯不已，震折之，獄具，置極刑死，夷其族。後震病且死，號呼尹相，言見昌隆守欲殺之云。

《劉球傳》：

（球下詔獄，王振）屬指揮馬順殺球，順深夜攜一小校持刀至球所，球方臥，起立大呼太祖太宗，頸斷，體猶植，遂支解之，瘞獄戶下……順有子病久，忽起捽順髮，拳且蹴之曰："老賊，令爾他日禍逾我，我劉球也。"順驚悸，俄而子死，小校亦死……球死數年……英宗北狩，振被殺，朝士立擊順，斃之。

《列女傳二》記蔡烈女死後拘兇人自首事：

蔡烈女……少孤，與祖母居，一日祖母出，有逐僕為僧者來乞食，挑之不從，挾以刃，女徒手搏之，受傷十餘處，罵不絕，宛轉死灶下，賊遁去。官行驗，忽來首伏，官怪問故，賊曰："女拘我至此。"遂抵罪。

《列女傳三》又記劉烈女死後報仇的直事：

劉烈女錢塘人。少字吳嘉諫。鄰富兒張阿官屢窺之，一夕緣梯入，女呼父母共執之，將訟官，張之從子倡言劉女誨淫，縛人取財，人多信之。女呼告父曰："賊污我名，不可活矣。我當訴帝求直耳。"即自縊，盛暑待驗，暴日下無屍氣。嘉諫初惑人言，不哭，徐察之，知其誣也，伏屍大慟，女目忽開，流血淚數行，若對泣者。張延訟師丁二執前說，女傅魂於二曰："若以筆污我，我先殺汝。"二立死。時江濤震吼，岸土裂崩數十丈，人以為女冤所致，有司遂杖殺阿官及從子。

子孫有危禍時，其祖宗之鬼不能挽回，聚哭暗中，卷一百八十八《蔣欽傳》：

> （欽復草疏劾劉瑾，）方欽屬草時，燈下微聞鬼聲，欽念疏上且掇奇禍，此殆先人之靈欲吾寢此奏耳。因整衣冠立曰："果先人，盍屬聲以告。"言未已，聲出壁間，益悽愴，欽歎曰："業已委身，義不得顧私，使緘默負國，為先人羞，不孝孰甚。"復坐奮筆曰："死即死，此稿不可易也。"聲遂止。

卷一百八十九《林公黼傳》：

> 公黼夜草疏時，聞暗中泣歎聲，不顧。

或指示出自己死處，使其子孫得以覓骨安葬。卷一百三十四《王溥傳》：

> 初溥未仕時，奉母葉氏避兵貴溪，遇亂，與母相失，凡十八年。嘗夢母若告以所在。至是從容言於帝，請歸省墳墓，許之，且命禮官具祭物。溥率士卒之貴溪，求不得，晝夜號泣。居人吳海言："夫人為賊逼，投井中死矣。"溥求得井，有鼠自井出，投溥懷中，旋復入井，汲井索之，母屍在焉，哀呼不自勝，乃具棺斂，即其地

以葬。

卷二百八十五《丁鶴年傳》：

（丁鶴年，回回人。）至正壬辰武昌被兵，
鶴年年十八，奉母走鎮江，母歿，鹽酪不入口
者五年。避地四明……及海內大定，牒請還武
昌，而生母已道阻前死，瘞東村廢宅中，鶴年慟
哭行求。母告以夢，乃嚙血泌骨，斂而葬焉。

卷二百九十六《李德成傳》：

幼喪父。元末，年十二，隨母避寇至河濱，
寇騎迫，母投河死。德成長，娶婦王氏，搏土為
父母像，與妻朝夕事之。方嚴冬大雪，冰堅至河
底，德成夢母曰：「我處冰下，寒不得出。」覺
而大慟，旦與妻徒跣行三百里抵河濱，臥冰七
日，冰果融數十丈，恍惚若見其母，而他處堅凍
如故。久之乃歸。

選自《歷史中的小說》，原載《文學》第 6 期中國文學研究專號，1934 年。

西王母與崑崙山

（一）西王母與西戎

　　中國古代的關於地理上的知識，也和其他的古代國家一樣，異常貧乏得可憐。這原因大部分可說是受了天然的限制，次要原因為中國人根本上就是一個守成的民族，或者可以說是天所賦予他們的太過分了，使他們不再想向外發展。

　　在這樣的環境之下，漸漸地就養成了一種褊隘的自大的地理觀念，自以為在地球（天下）上的國家只有中國一國，中國適於天下之中，而其餘環繞者被稱為中國的若干部落，就被不客氣地加上東夷、西戎、南蠻、北狄的稱號。

　　約在紀元前十二世紀的時候，中國發生了一次朝代更遞的大戰事，周民族把商民族克服，奪取過政權，成為若干部落中的大酋長 —— 宗主國（Suzerian）—— 同時更形成了許多強大的新藩屬（Vassals），內中異姓的齊和同姓的魯都被從大平原氣候的西北遷徙至濱海的山東一帶。

　　齊魯漸漸化同了他周圍的萊淮諸夷，幾個歷史上著名的君長和政治家如齊桓公、管仲（公元前 685—643）又極力鼓勵工商業的發展，所謂"山東魚鹽之國"，就自然的富源加以經營，這在經濟上固然使國家增加大量的財富，同時於中國以外的地理知識，也給予很大的貢獻。

到了齊威王宣王的時候（公元前 378 — 343，公元前 342 — 324），稷下成為諸侯遊士的居留所，齊人航海所得的地理知識就被普遍地傳播於全中國。內中宣傳得最努力最有系統的是騶衍 —— 他不但盡情地攻擊以前陋陋的世界觀念之謬誤，並且感情地放大了他從航海家所得的啟示，以為："中國不過天下八十一分之一，天下分為州者九，中國居其一州 —— 赤縣神州，神州內自有九州，不得為州數。"

以上所敍述的兩派，恰好立於相對的地位，兩者互相非難，論戰，其實前者失之陋，後者失之泛。騶衍派之所以能在中國地理學史上佔一地位，也就只在他放大了中國人的眼光而已。

稍後，崛起西戎的秦始皇統一了以前四分五裂的局面（公元前 221），同文書，一道路，北攘南征，形成了一個空前的大帝國，疆域一經擴大，以前兩派的理論便都不能適用，這樣，便產生出一種兩派折衷的新理論，來適合當前的環境。

這新理論具有無限的伸縮性，因為事實上的證明，他接受了部分的騶衍派的世界觀念，然而決不是全部的，因為他們囁嚅地只敢消極地宣稱世界的領域決不止以前所幻想或虛擬的，不能確實地有所推論。在另一方面，他們依然把以前的舊觀念保留，不過在地域的分配上把它伸長，把以前所被稱的西戎的秦拉成本家，所遺下的西戎空位就叫秦以西的部落挨補而已。

（以下略）

（二）西王母故事的縱向衍變

西王母之名最早見於中國典籍中的，當為戰國末期的
作品——《山海經》中的《西山經》：

> ……又西三百里曰玉山，是西王母所居也。
> 西王母其狀如人，豹尾虎齒而善嘯，蓬髮戴勝
> （戴勝，一種玉製首飾。——編者註），是司天之
> 屬及五殘。

郭璞註《穆天子傳》即據此文：

> 西王母如人，虎齒蓬髮，戴勝，善嘯。

《海內北經》又據此文，另外替它加顧了三個廚役來服
侍，在裝飾方面，也加了"梯几"（梯，即憑。——編者註）
二字的形容詞，肯定它的住所在崑崙墟北，而不言玉山。

> 西王母梯几而戴勝，其南有三青鳥，為西王
> 母取食，在崑崙墟北。

《大荒西經》更詳細了，連它的住址方向、周圍事物、
面貌、居處，都有肯定的記述：

西海之南，流沙之濱，赤水之後，黑水之前，有大山名曰崑崙之丘。有神人面虎身有文，有尾皆白，處之。其下有弱水之淵環之。其外有炎火之山，投物輒燃，有人戴勝虎齒，有豹尾，穴處，名曰西王母。此山萬物盡有。

從"其狀如人"到"有人戴勝虎齒有豹尾"，由"似人的獸"到"似獸的人"，這是西王母在它的故事中的第一次衍變。由此而生出來若干擴到無窮大的故事。接着，我們在汲冢所發現的《穆天子傳》中，果然遇見了一位確是人類，極有禮儀，能應酬，能歌謠，雄長一方的西王母：

及遂西征，癸亥至於西王母之邦。

吉日甲子，天子賓於西王母，乃執白圭玄璧以見西王母，好獻錦組百純，□組三百純，西王母再拜受之。

□乙丑天子觴西王母於瑤池之上，西王母為天子謠曰"白雲在天，山陵自出，道里悠遠，山川間之，將子無死，尚能復來"。

天子答之曰"予歸東土，和洽諸夏，萬民平均，吾願見汝，比及三年，將復而野"……

天子遂驅升於弇山，乃紀名跡於弇山之石，而樹之槐眉曰西王母之山，西王母之山還歸丌□。世民作憂以吟曰："北徂西土，爰居其野，虎豹為群，烏鵲與處，嘉命不遷，我惟帝女，彼何世民，又將去子，吹笙鼓簧，中心翔翔，世民之子，唯天所望。"……

自群玉之山以西至於西王母之邦三千里，□自西王母之邦北至於廣原之野，飛鳥之所解其羽，千有九百里。

在《山海經》、《列子》諸書中，因循傳衍，都有類似的記載。（詳見另文）從渺茫的似獸的人到真正的人，這是西王母的第二次衍變。

《焦氏易林》是漢代一部卜筮的書，所收容的筮詞中，包含不少與西王母有關的故事，如《訟》之第六《泰》：

弱水之西，有西王母，生不知死，與天相保。

西王母是一個長生不死的生物。《坤》之第二《賁》：

稷為堯使，西見王母。拜請百福，賜我善子。

西王母成求子與求福的目標，並與堯稷發生關係，《小畜》之第九《大有》：

金牙鐵齒，西王母子，無有患殆，滅害道利。

《大壯》之三十四《威》：

畜雞養狗，長息有儲，耕田有蔡，王母喜舞。

《明夷》之三十六《訟》：

穿鼻繫株，為虎所據，王母祝禱，禍不成災，
突然脫來。

西王母又成為社神及含有神祕性之巫祝。（詳見另文）由真正的人衍變為長生不死，求子與求福的目標，社神，巫祝等等多方面的發展，並和傳說中更古的人王發生關係，這是西王母的第三次衍變。

西王母在什麼時候才變成女人的呢？這問題在《漢書》中予以一劃時代的解答。《漢書》卷八十四《翟方進傳》：

莽於是依《周書》作大誥曰："……大皇太后肇有元城沙鹿之右，陰精女主聖明之祥，配元生成，以興我天下之符，遂獲西王母之應[1]，神靈之徵，以佑我帝室，以安我大宗，以紹我後嗣，以繼我漢功。"

《太平御覽‧禮儀部》引衞宏《漢舊儀》云：

祭王母於石室，皆在所二千石令長奉祠。

卷九十八《元后傳》：

莽乃下詔曰："……更命大皇大后為新室文母大皇太后，協於新室。故交代之際，信於漢氏，哀帝之代，世傳行詔籌，為西王母共具之祥，當為歷代為母，昭然著明。"

所謂祠祀，行詔，《漢書》卷二十六《天文志》：

哀帝建平四年，正月二月三月民相驚動，歡嘩奔走，傳行詔籌祠西王母。

《五行志》下之上說得更詳細：

哀帝建平四年正月，民驚走持稿或棷一枚，傳相付與，曰："行詔籌。"道中相過逢，多至千數，或被髮徒踐，或夜折關，或逾牆入，或乘車騎奔馳，以置驛傳行經歷郡國二十六至京師。其夏，京師郡國民聚會里巷阡陌，設祭，張博具，歌舞祠西王母。

又傳書曰："母告百姓，佩此書者不死，不信我言，視門樞下當有白髮。"至秋止。

這時候哀帝祖母傅太后用事，杜鄴對策以為："西王母婦人之稱，博弈男子之事。"此種現象為外家用事之應。西王母從此便固定地變成女人，這是西王母故事的第四次衍變。

漢自景武以來，董仲舒始以陰陽五行之說敷合儒學，得時主信任，學風為之一變，在這種思潮下產生的《吳越春秋》，自然也逃不脫她的影響，西王母是女人，屬陰，當得有一位屬陽的來配她。於是由西想到東，由母想到公，東西公母都是對待的，因此就新造成一位東王公，東屬木，故又稱木公，西屬金，故西王母也稱金母。

> 種曰："一曰尊天事鬼以求其福……"越王曰："善！"乃行第一術，立東郊以祭陽，名曰東王公，立西郊以祭陰，名曰西王母，祭陵山於會稽，祀水澤於江州，事鬼神一年，國不被災。[2]

從陰陽五行的相對，而產生出一位東王公，來配西王母，這是西王母故事的第五次衍變。

西王母既然被指定為女人，又替她找出一位陽性來配襯。《易·繫辭》下："天地絪縕，萬物化醇，男女構精，萬物化生。""一陰一陽之謂道"，男女間的事，我們的古人素來有些不順口，可是對於過去的在傳說中的古人替他們撮合一下，也還無傷大雅，《神異經·中荒經》說：

> 崑崙之山有銅柱焉，其高入天，所謂天之柱也。周三千里，周圍如削，下有迴屋，方百丈，仙人九府治之。上有大鳥，名曰希有，南向張左翼覆東王公，右翼覆西王母，背上小處無羽一萬

九千里，西王母歲登翼上會東王公也，其柱銘曰：“崑崙銅柱，其高入天，圓周如削，膚體美焉。”其鳥銘曰：“有鳥希有，碌赤皇皇，不鳴不食，左覆東王公，右覆西王母。王母既東，登之自通，陰陽相須，唯會益工。”

從一年一度在希有背上相會的喜劇，又衍變成另一系統的牛郎織女的故事。由東王公的產生到西王母的結婚，這是西王母故事的第六次衍變。

以上曾提及和西王母發生過關係的人王有周穆王、堯、稷……但是經過了若干年的渲染以後，西王母已不再是從前那樣“豹尾虎齒”的怪狀，或龍鍾白髮的老巫了，她的外表已經經過若干幻想家、文人所修飾，成為一位最漂亮的典型的女性（《漢武帝內傳》）：

王母唯扶二女侍上殿，侍女年可十六七，服青綾之褂，容眸流盼，神姿清發，真美人也！王母上殿東向坐，著黃金裕襦，文采鮮明，光儀淑穆，帶靈飛大綬，腰佩分景之劍，頭上大華髻，戴太真晨嬰之冠，履元璃鳳文之舄，視之年可三十許[3]，修短得中，天姿掩靄，雲顏絕世，真靈人也。[4]

漢武帝在中國史上是一位傑出的人主，他雖窮兵黷武，希求長生，但在一般人的眼光中，卻不致如秦始皇那樣討人厭。《史記‧封禪書》中荒渺影約的敘述，使他被動地不得不和西王母發生關係，而成為西王母故事中最有精彩的一部分。

中國的古史是"層疊地造成"，譬如積薪，後來居上，中國的故事也是如此，漢武帝既已和西王母發生關係，為什麼比他更早的反不能夠？於是歷史上有名的人主——燕昭王、舜、禹、黃帝……便連茅拔茹地都成為故事中的一個角色。這是西王母故事衍變的第七階段。

神仙家的調製使西王母成為一位女仙，握有神祕的權力。古代有無男女平權的思想，文獻不足，我們不能詳知，不過"男女有別"是儒家的教條之一，同時也是社會的無形制裁。所以《博物志》所賦予王母的職責：

> 老子云："萬民皆付西王母，唯王聖人真人道人之命，上屬九天君耳。"[5]

便不為人所滿意，因為這不但地位太低，而且"男女無別"，大不是道理。他們便重來一下，把她改成唯一的女仙領袖，和東王公分性而治：

> 金母元君者，九靈太妙龜山金母也，一號太虛九光龜臺金母元君，一號曰西王母，乃西華之至妙，洞陰之極尊，在昔道炁凝寂，湛體無為，

將欲啟迪玄功，生化萬物；先以東華至真之氣，化而生木公焉，木公生於碧海之上，蒼靈之墟，以生陽和之氣，理於東方，亦號曰東王公焉。又以西華至妙之氣，化而生金母焉，金母生於神洲伊川，厥姓緞氏，生而飛翔，以主陰靈之氣，理於西方，亦號王母，皆挺質大無，毓神玄奧，於西方渺莽之中，分大道醇精之氣，結氣成形，與東王公共理二氣，而養育天地，陶鈞萬物矣。體柔順之本，為極陰之元，位配西方，母養群品，天上天下，三界十方，女子之登仙得道者咸所隸焉。[6]

於是西王母又搖身一變，統轄同性的神仙，完成了在她的故事中的第八次衍變。

人生最難得的是永久的美貌，最不可求的是亙古的長生，最不易取得的是領袖的地位，現在西王母什麼都有了，她還缺少一些什麼呢？聰明的古人又替她想出"不孝有三，無後為大"，她既有丈夫，又年輕，應該有幾個子女來完成她的圓滿的生命過程，於是她的故事又走入一個新的階段，我們來看古人替她安排好的新家庭分子：

南極王夫人者，王母第四女也，名林，字容真，一號紫元夫人，或號南極元君，理太丹宮。[7]
雲華夫人王母第二十三女。太真王夫人之妹也。名瑤姬。[8]

> 紫微王夫人名清娥，字愈音，王母第二十女
> 也。[9]

> 雲林右英王夫人名媚竺，字申林，王母第
> 十三女也，受書為雲林宮右英夫人，治滄浪宮。[10]

> 太真夫人者王母之小女也，名婉羅，字勃，
> 遂事玄都太真王，有子為三天大上官府都司直，
> 主總糺天曹之違，比地上之卿佐。[11]

據以上所引的看，她至少有二十四個女兒，二十四個
女婿，幾百十位外孫，佩玉鏗鏘，真極一時之盛！

但是，"名不正，則言不順"，西王母的女兒都有名有
字，她自己也應該有一個出身的根源和名字才對。於是《軒
轅黃帝傳》替她找出她的父親：

> 時有神人西王母者，太陰之精，天地之女。

段成式替她找出她的姓名字號生卒：

> 西王母姓楊名回，治崑崙西北隅，以丁丑日
> 死，一曰婉妗。[12]

杜光庭又以為她姓緱：

> 金母生於神洲伊川，厥姓緱氏。[13]

又有人以為她姓侯，姓焉：

西王母姓楊，一曰緱氏，一曰侯氏，一曰焉氏。名回，一曰婉妗。[14]

《續仙傳》又替她找出後代的子孫：

緱仙姑者長沙人也……他日又言西王母姓緱，乃姑之聖祖也……河南緱氏乃王母修道之處，故鄉之山也。

西王母的本身的故事，到此已經完滿到無以復加，再也不能加什麼更新鮮的東西上去了。以後的文人、幻想家，因為故事的本身已經凝固，他們也只能從表面上去加一點髹漆，使她更美麗，更神祕，卻不能從質的方面把她改動一下。

（以下略）

（三）西王母與牛郎織女的故事

漸漸的西王母與東王公所指示的涵義逐步趨於具體化，成為另一有名的故事，這故事可以分成兩部分敍述，一部分是無聊的道士或文人把他倆拉來作為兩個神仙的領袖 —— 男仙和女仙的統治者的神話。另一部分則繼承着原來的意義，美麗而又帶着感傷性地使之成為一有詩意的故事，由這故事又衍變成為牛郎織女的悲劇的傳說。

（中略）

由以上所引的我們可以知道牽牛織女的故事，在時間上是從漢晉到南北朝以至隋唐，很普遍的為一切人所傳說。如就橫的一方面說，則得到一個南北朝的作品最多的數量上的統計，換句話說就是南北朝是這故事傳播最廣最普遍，在質表兩方面，也在這時最後完成的一個時代。

假如我們把中國所有歷史上的詩人的作品，把他們的題材拿來統計一下，我們可以下一個結論說假使一個詩人不曾以牛女的故事為對象而描寫過，那是很少有到幾乎不可能的事。每一個人都把他自己的幽鬱和想象，冀圖在如此美麗的一個故事上發泄，寄託出他自己的內心的感情，造成更美麗更有意義的詞句來娛樂自己。因此這故事便因為各人環境和感情的不同，在文學上被表現的方式亦復衍成各個不同的面貌。但是在表面上雖然有很大的差異，而他原來的形質和意義卻絕未因此而改變，換言之，這故事的永遠悲劇式的成分和陰陽性的代表意義是始終被保存着的。

現在，總結以上所敍述的，關於牛女的故事的形成的過程，依順序列表如下：

1.最初牽牛和織女都是星名，一在天河東，一在天河西。

2.河鼓一名牽牛，吳音說為黃姑，是主大將軍鼓的星，織女星則主瓜果。

3.牛女兩星，隔河相望，漢代有牽牛渡河會織女的故事，到了滲入了西王母的故事的成分以後便變成織女渡河會牽牛了。

4. 由於命名的意義的傅會，牽牛漸漸衍變成為牧童，織女成為帝女。

5. 由牧童織女的兩性標識，產生天帝許婚和廢織被罰的故事。

6. 由七襄限定牛女的會期在七月，由西王母七月七日降漢宮和當時對七月七日的好尚，西王母和東王公的故事在本質上大體和牛女的故事相同，因之兩者自然地結合為一，而把“西王母歲登翼上會東王公”嚴格地衍變成為一年一度的七月七日的相會。

7. 從西王母和東王公的故事中的希有，衍變成牛女故事中的鵲橋相會。

8. 在另一方面，間隔牛女的天河，又被傅會成客星乘槎和支機石的故事，肯定了牛女的人世化的表面職業。

由於牛女二星的運行和名義，被解釋成為牧童織女的戀愛故事，這在以上的引證，我們已經知道這故事是如何為若干年來的文人學士所愛好了。可是在另一方面，這故事也同樣的為農民社會所歡迎，理由是牧童織女全是屬於他們自己的這一階級的緣故。因為如此，牛郎織女都被形成作具體化人格化的牧童織婦，不能再和原來所繼承的東王公和西王母作形式上的調和，而永遠分離自成一獨立的故事。

在西王母這一方面，經過這一番的融會和分離以後，所留下的殘跡是容納了織女是帝女的傳說，甚至在和牛女的故事分開以後，"西王母天帝之女也"這一痕跡依舊被永遠保存着，關於這一點我們將在另一章中作詳細的說明。

（一）原載《清華周刊》，第三十六卷第六期，1931 年 12 月 12 日，有刪減；

（二）原載《清華周刊》，第三十七卷第一期，1932 年 2 月 27 日，有刪減；

（三）原載《文學月刊》，第三卷第一期，1932 年 5 月，有刪減。

註　釋

1　孟康曰："民傳祀西王母之應也。"

2　《句踐陰謀外傳》。

3　《集仙錄》作二十許，更年輕，詳另文。

4　《道藏·洞真部·記傳類》卷一〇七《海上》。

5　《博物志·雜說上》。

6　《説郛》卷一百十三；漢桓驎《西王母傳》；《道藏·洞神部·譜錄類》；《墉城集仙錄》金母元君。

7　《三洞群仙錄》；《墉城集仙錄》。

8　《墉城集仙錄》二。

9　《許邁真人傳》作王母第二十七女。

10　《墉城集仙錄》;《太平御覽》六七四引南真説。

11　《道藏・洞神部・譜錄類》;《墉城集仙錄》卷二。

12　《酉陽雜組》十四,《諸皋記》。

13　《墉城集仙錄・金母元君》。

14　《少室山房筆叢》壬部,《玉壺遐覽》二。

談燒香

第一附屬醫院黨總支委員會同志們：

得信，很高興，祝賀你們成功！

因工作忙，遲到今天，才能抽空寫回信，乞原諒。

首先得聲明，我對燒香沒有研究，只能憑手頭一些資料，提供同志們參考。

一、香的起源，是不是在後漢時期從印度來的，最早的記載見於何書？

香這個字很早就有了，如《詩經》："有飶其香。"但指的是香氣，不是後來的燒香。

燒香看來是在後漢時期從印度傳來的，因為從後來記載看，燒香是佛教的儀式，也叫行香。但《後漢書·楚王英傳》和《陶謙傳》內關於笮融建立佛寺、佛像、施食的記載，都沒有記載燒香的事。

燒香最早的記載，見於《三國志·吳書·孫策傳》：

> 《江表傳》曰：時有道士琅邪于吉，先寓居東方，往來吳會，立精舍，燒香讀道書。
>
> 策曰：昔南陽張津為交州刺史……嘗着絳帕頭，鼓琴燒香，讀邪俗道書。

有人考證張津死在孫策後一年，孫策這一段話是不可信的，這沒有什麼大關係。總之，在漢建安五年（公元200）以前，東南地區已有燒香的史實了。很明顯，這種舉動是受佛教影響的。

也很可能，還有更早的記載，不過，我沒有看到。我手頭的《法苑珠林》殘缺了，請你們再查一下《法苑珠林》香華門，可能會有一些資料。《佛祖統紀》也不妨查看一下。

二、古典文獻、雜記以及文學作品中，關於香的描述，能不能找到對空氣、對物品消毒的科學內容。

和《孫策傳》可以印證的是《吳書·士燮傳》的記載：

> 士燮兄弟並為列郡，雄長一州（交州，今安南）……車騎滿道，胡人夾轂焚香者，常有數千。

安南鄰近印度，燒香的是胡人。

關於香的描述，如，綦毋潛詩：

> 世界蓮花藏，行人香火緣。

白居易詩：

> 臭帑世界終須出，香火因緣久願同。

寒山詩：

> 擇佛燒好香，揀僧歸供養。

元王仲文《救孝子曲》：

> 前生燒着斷頭香。

史書記載燒香的如，《晉書·杜太后傳》：

> 桓溫之廢海西公也，太后方在佛屋燒香。

《晉書·佛圖澄傳》：

> （王度疏斷，趙人）悉不聽，詣寺燒香禮拜，以遵典禮。

《南齊書》：

> 延興建武中，凡三誅諸王，每一行事，高宗輒先燒香火，嗚咽涕泣。

《魏書·釋老志》：

> 金人率長丈餘，不祭祀，但燒香禮拜而已。

行香的儀式，姚寬《西溪叢語》：

> 行香起於後魏，及江左齊梁間，每燃香熏手，或以香末散行，謂之行香。唐初因之，文宗朝，崔蠡奏設齋行香，事無經據，乃罷。宣宗復釋教，行其儀。

《演繁露》：

> 案《南史》，王僧達好鷹犬，何尚之設八關齋，集朝士，自行香，次至僧達曰：願郎且放鷹犬。其謂行香次及僧達者，即釋教之行道燒香也。
>
> 行道者，主齋之人，親自周行道場之中，燒香者爇之於爐也。東魏靜帝嘗設法會，乘輦行香，高歡執香爐步從……凡行香者步進前而周匝道場，仍自灶香為禮也。

香的科學作用是解穢，看來就是空氣消毒，如，趙彥衞《雲麓漫鈔》：

> 《遺教經》云，比丘欲食，先燒香唄……案法師行香，定坐而講，所以解穢流芬也，斯乃中土行香之始。

秦嘉《答婦徐淑書》：

> 今種好香四種，各一斤，可以去穢。

有的神話甚至說燒香可以治疫，使死人復活，如，《十洲記》：

> （漢武時，長安大疫，人死日以百數。）帝試取月支神香燒之於城內，其死未三日者皆活，芳

氣經三月不歇。

三、用香作煙霧療法的記載。

《世說》：

> 桓車騎時，有陳莊者入武當山學道，所居恆
> 有白煙。香氣聞徹。

確有煙霧，但是不是作為治療用，那就不清楚了。

據《演繁露》的記載，古人燒香，是用香料在爐中燃燒的，不像後代用泥和香料作成細條條的炷香那樣。

《清異錄》也說：

> 汴洲封禪寺有鐵香爐，大容三石，都人目之曰香井。

由此可見到宋代還是如此。

以上資料可能不能符合你們的要求，僅供參考。

敬禮

吳晗

4.19

附原信

吳晗同志：

您好！在有人的情況下進行空氣的隨時消毒，乃是現代醫學尚未解決的問題。這個問題如能滿意解決，對於呼吸道傳染病預防，對於大面積燒傷治療都有着重大意義。為了這個目的，最近我院曾研究了香——就是燒香敬神的香，對於細菌的抑制作用，得到了令人興奮的結果。為了更進一步了解有關香的歷史資料，我們曾派人到本市各圖書館、博物館，始終未找到可靠的根據。因此經同志們提議，才不得不向您請教！希望您能在百忙中抽出一些時間對以下問題給予指導：

一、香的起源，是不是在後漢時期，是不是從印度來的，最早的記載見於何書？

二、古典文獻、雜記以及文學作品中關於香的描述，能不能找到對空氣、對物品消毒的科學內容？

三、用香作煙霧療法的記載？

以上，如您沒有時間詳答，也請提供一些線索，不勝感謝！

致以

敬禮

江西醫學院第一附屬醫院黨總支

原載《光明日報》，1961 年 5 月 6 日。

求生不易

亂世孤兒朱元璋

元至正四年（公元 1344 年，元順帝妥懽帖木兒在位的第十二年），淮河流域的人民遭受了苦難。旱災，蝗災，加上瘟疫。

好幾個月沒有見過雨了，栽下的苗曬得乾癟枯黃，大地裂成了一條條的龜縫。到處在求雨祈神，老年人恭恭敬敬向龍王爺磕頭，孩子們戴着柳枝圈圈躥出躥進。正在焦急沒收成時，又來了瀰天漫地的蝗蟲，把穗上稀稀的幾顆粟粒吃得一乾二淨。地方上有年紀的人都在唉聲歎氣，哭喪着臉，說幾十年來沒有見過這樣的年成，這日子着實過不得了。

不料禍不單行，疫癘大起，鍾離太平鄉的人，接二連三地病倒。已經吃了多少時候的草根樹皮了[1]，病一起就挺不住，開頭只覺得渾身無力氣，接着是上吐下瀉，不到一晝夜便斷了氣。起初大家還不理會，到了一個村子裏一天死去了幾十個人，家家死人，天天死人的時候，明白這是上天在降罰，散佈瘟疫來收人，才着了慌，不管"在數的難逃"的老話，還是逃命要緊，各村莊的人攜兒帶女，只要有親戚朋友家可投奔的，連家裏的病人都顧不得了。不過幾天功夫，太平鄉數得出的十幾個村子，便鬧得人煙寥落，雞犬聲稀，顯出一片悽涼黯淡的景象。

孤莊村²朱家，朱五四官名叫世珍的，一大家人，不過半個月，死了三口。五四六十四歲了，四月初故去，三天後，大兒子重四學名叫興隆的也死了，到二十二那一天五四的老伴陳二娘又死了。五四的二兒子重六（興盛）和小兒子元璋（原名興宗，小名重八），眼看着大人一個個倒下，請不得郎中，抓不到藥，只急得相對痛哭。³尤其為難的是：家裏沒有一貫鈔，一錢銀子，買不了棺木，更談不上墳地。田主呢？幾年的主客，想來總該施捨佃戶一塊埋骨之地，誰知不但不理會，反而"呼叱昂昂"⁴。鄰舍們都覺得難受，傷心。正沒計較處，同村人劉繼祖⁵不忍心，慨然捨了一塊地⁶，兩兄弟磕頭謝了，真是一頭有了着落。但是，衣衾呢？棺槨呢？還是沒辦法。只好將就把幾件破衣裳包裹了，抬到墳地草葬。兩兄弟一面抬，一面哭，好容易抬到了，還未動手挖坑，突然間風雨交加，雷轟電閃，整個天像塌下來似的。兩兄弟躲在樹下發抖，約夠一頓飯時，天霽雨晴，到墳地一看。大吃一驚，屍首不見了，原來山腳下土鬆，一陣大水把坡上的土沖塌了，恰好埋了屍首，薄薄的一個土饅頭，俗語叫做"天葬"⁷。三十五年後，朱元璋寫《皇陵碑》時，還覺得傷心——"殯無棺槨，被體惡裳，浮掩三尺，奠何淆漿！"⁸

　　父母的大事雖了，過日子呢？沒留下一寸土，一顆米，元璋餓了些日子，到處找零活作。誰知大戶人家都已逃荒逃瘟去了，貧民小戶自己都在捱餓，怎麼僱得起人？

到處碰壁，懶洋洋地不願回家，一徑到村外給他父母上墳。蹲在新長着青草的墳邊，沉思如何來打發日子，對付肚子。

他長得軀幹魁偉，黑黑的臉，下巴比上顎長出一寸多，高高的顴骨，卻又大鼻子，大耳朵，就整個臉盤看，恰像一個橫擺着立體形的山字，腦蓋上一塊奇骨隆起，像一個小山丘。粗眉毛，大眼睛，樣子雖看着叫人不喜歡，卻怪勻稱，怪威嚴而沉着。

小時候替人看牛放羊，最會出主意鬧着玩，別的同年紀的甚至大幾歲的孩子都習慣地聽他指揮。最常玩的一個遊戲是作皇帝，你看，雖然光着腳，一身藍布短衣褲全是窟窿補釘，他卻會把棕樹葉子撕成絲絲，紮在嘴上作鬍鬚，找一塊車輻板頂在頭上當平天冠，弄一條黃布包袱披在身上，土堆上一坐，自己作起皇帝來了。揀一些破木板，讓孩子們畢恭畢敬地雙手拿着，當作朝笏，一行行，一排排，整整齊齊地三跪九叩頭，同聲喊萬歲。

又最會作壞事。有一天，忽然餓了，時候早又不敢回家，怕田主罵。同看牛的周德興、湯和、徐達許多孩子也都嘴饞起來了。大家越說餓，真的肚子咕嚕得越兇。這個說有一碗白米飯吃才好呢。那個又提真想吃一頓肉，一個又說肉是財主們吃的，不知道是什麼味道。個個的嘴都說得流涎。猛然間元璋一喊有了，大家齊聲說什麼？元璋笑着說，現放着肉不吃，真是呆鳥！大家還不明白。元璋也不再說話，牽過一條花白小牛娃，放牛繩綑住前後腿。周德興看了，趕緊抄着斫柴斧子，當頭就是一斧。湯和徐達也來幫忙剝皮割肉。別的孩子們揀爛柴樹葉子，就地生起火來。一面烤，一面吃，個個眉飛色舞，興高采烈。不一會兒，一條小牛娃只剩一張皮一堆骨頭一根尾巴了。這時太陽已經落山，山腳下村子裏，炊煙裊裊在半天空，是該回家的時候了。驀地一個孩子省悟了，小牛喫了如何回主人的話。大家都面面相覷，想不出主意，擔不起罪過，正在着急，互相埋怨，亂成一團的時候，小一點的孩子竟哇聲哭了出來。元璋一想，主意是自己出的，責任該擔起來，一拍胸脯算我的事。也真虧他想，把皮骨都埋了，把小牛尾巴插在山上石頭空縫裏，說是小牛鑽進山洞裏去了，只留下尾巴，拉了半天不出來。孩子們齊聲說好。當晚上，元璋捱了一頓毒打，被趕回家。雖然喫了苦，丟了飯碗，也深深得到孩子們的信任，大家都甘心當他作頭腦。[9]

　　算是十七歲，是元天曆元年（公元 1328）九月十八日未時生的，屬龍，扣準了還不滿十六足歲。父親是老實本分人，辛苦了一輩子，頭髮鬍子全白了，搬了一輩子家，從泗州盱眙縣遷到靈璧縣，又遷到虹縣，到五十歲時又遷到鍾離東鄉，住了十年，活不下去，再遷到西鄉，四年前才搬到這孤莊村來。[10] 十個田主大戶竟有十個是黑心的，說盡好話算是佃了幾畝地，天不亮就起床，天黑了還在地裏作活，出氣力、流汗水，忙碌一年到頭，算算收成，十成裏竟有六成孝順了田主。左施肥、右戽水，把田地服侍得肥了些，正好多收一點時，田主立刻就加租，划算一下，還是佃戶吃虧。划不來，只好搬家另覓大戶；忍下去吧，三兩年後還是得被攆走。因之，雖然拖兒帶女，在一地方竟住不滿十年，而且，老是替新大戶開荒地，服侍熟了，就得走路。賣力氣，受欺侮了一生，到死後，連葬處都沒有，要不，怎麼會求劉繼祖捨地？

兒女都大了。大哥二哥算是娶了媳婦，說也笑話，連花轎也坐不起，喜酒也沒有一鍾，還不是一樣佃客人家的女兒。三哥重七（興祖）給人家招了上門女婿，白得一房家小，可是得給人家挖一輩子地 —— 也好，家裏省一張嘴。大哥有兩個小的，二哥也養了一個男孩，算是一家老小三代。大姊嫁給王七一，二姊遠了，還是在盱眙時候訂的，男人叫李貞。[11] 只有自己沒成家，要是時和世泰、雨順風調的太平年頭，一家子勤勤懇懇，佃上幾十畝田地，男耕女織，餵雞養豬，上山斫柴，沿路撿糞，靠着有的是人力，縮衣節食，苦雖苦，像牛馬樣總活得下去。偏又時運不濟，二嫂三嫂先後病死，大侄兒和二房的孩子都夭折了，王家滿門死絕，嫁給李家的二姊也死了，姊夫帶着外甥保兒逃荒，不知去向。偏偏今年又鬧瘟，一家三口都被瘟神帶走，偌大一個人家，只剩大嫂王大娘和二侄文正，二哥重六和元璋自己了。

剩下四口人，糧食一顆也沒有，地裏的呢，一旱一蝗，收到的不夠交租，哪來吃的！平時一家子都靠力氣血汗換飯吃，如今只好吃草根樹皮，何況也不容易找。估計大嫂還有娘家，總可以央告到一升兩升。二哥呢？這些天臉色也老是不對勁。自己食量又大，粗重活計雖幹得，卻苦於這荒年，空有氣力沒處賣。小時候雖跟蒙館老師上過幾月學，一來貪玩，二來農忙得下田，哪曾好好念過一天書，雖然靠着有點記性，認得幾百個字，又苦不甚通解，做不得文墨勾當，當不得衙門裏的書手，也寫不得書信文契。父親搬到本村來，本是貪圖這一鄉荒地多、人力少，只要死命使氣力，三個壯丁加上女眷，孩子們替人放牛趕羊，也不會吃閒飯，天可憐見有兩三年好莊稼，對付着混過日子。沒想到天下烏鴉一般黑，刻薄狠心像是田主應有的德性，三節送禮，按時交租，陪着笑臉，還是掂斤播兩，嫌麥子太潮，嫌秤不夠，恨不得用兩個秤錘，扳住秤尾起不來。那一些管事的更是刁難百般，饒是肥雞大肉，大碗酒，還拍桌捶凳，臉上像繃過似的，剝不出一絲笑容。這年頭能少交一點租就是天大的人情了，還敢開口向他們借口糧？官家的賑濟呢？不敢指望。即使皇恩浩蕩，居然會有一點，還不是落在縣官的荷包裏、大戶的倉庫裏去，哪兒會有窮人的份！而且，即使漏出一星星、幾顆顆，要鋪保啦，到保甲長家裏去捺手印啦，又是調查啦，登記啦，還有什麼什麼的，發下來不夠吃一頓。腿跑斷了，頭磕破了，氣受夠了，也許還挨不着，輪不到。索性斷了這個夢，倒少些麻煩。再說本家呢？伯父這一房還在泗州盱眙縣，是祖父手上打的根基，伯父名下有四房，聽說近年已衰落得不像樣，幾個哥哥侄兒先後去世，只剩一個四嫂在守寡，看光景也投奔不得。[12]

再往上，祖籍是句容，朱家巷還有許多族人。祖父在元朝初年是淘金戶，本地不出金子，官府不由分說按年照額定的數目要，只好拿穀子換錢鈔，到遠處買金子繳納。後來實在賠納不起，沒奈何，丟了房屋田地，逃到泗州盱眙縣墾荒。那邊幾代沒來往，情況不明。再老的祖籍是沛縣，如今已經隔了幾百年，越發不用說了。[13]

舅家呢？外祖父陳公那一嘴大白鬍子，慣常戴上細竹絲箬帽，仰着頭，那扣齒念咒的神氣，還依稀記得。想起來也真怪，只知道叫他外公，連什麼名字也不知道。死的那年已經九十九歲，差一年便算人瑞，可以報官領賞，據說還有花紅表裏，縣太爺還要請酒作揖呢。母親曾翻來覆去地說外祖的故事，這話已有五六十年了！那時外祖在宋朝大將張世傑部下當親兵，韃子兵進來，宋朝的地方全被佔了，連文丞相都打了敗仗，被俘虜過去。張世傑忠心耿耿，和陸丞相保着小皇帝逃到厓山，那年是己卯年（公元 1279）。二月間，張世傑集合了一千多條大船，和韃子兵決戰，不料厓山海口失守，斫柴取水的後路給切斷了，大家只好吃乾糧，乾得忍不住，連海水也顧不得，大口大口灌下，弄得全軍都嘔瀉病困。韃子兵乘機進攻，宋軍船大，又都聯在一起，無法轉動，三軍望絕死戰，一霎時中軍已被衝壞了，陸丞相眼見得不濟事，不肯被俘，讓韃子作踐，仗劍叫妻子女兒都跳下海去，自己背着六歲的小皇帝跟着殉了國。張世傑帶了十幾條船，衝出重圍，打算重立趙家子孫，恢復國土，忠義之氣實在感動人。誰知天不保佑，船剛到平章山洋面上，一陣颶風，把船都吹翻，張世傑也淹死了，宋朝也就真個亡了國！外祖掉在海裏，僥倖被人救起，吃了許多苦頭才得回家。為着不肯再替敵人當兵，遷居到盱眙津里鎮。他原來會巫術，就靠當巫師，畫符念咒，看風水，定陰陽過日子。到老年常時含着一泡眼淚說這故事，惹得聽的人也聽一遍哭一遍。外祖只生了兩個女兒，大的嫁給季家，小的就是母親；過繼了季家大表兄作孫子，外祖死後，這些年也沒有和季家來往，料想這年頭，景況也不見得會過得去。[14]

　　元璋想來想去，竟是六親都斷，天地雖寬，無處投奔，前後左右，四面八方，無路可走。越想越悶越煩，無精打采地走回家來，蒙頭便睡。

　　吃了一些日子草根、樹皮、糠屑、觀音土，半飢半飽，遊魂失魄似的一籌莫展。大嫂帶着侄兒回娘家去了，二哥一樣的餓，也沒主意。常時在一起的幾個朋友周德興湯和年紀都比自己大，有氣力、有見識，又都出外謀生去了，無人可商量。從四月一直待到九月，半個年頭了，還計較不出一條活路。

　　天還是吝惜雨水，蝗蟲越來越多，日子久了，連草根樹皮都吃完了，再也撑不下去，和二哥商量如何是好，二哥急得直跳，哭了半天，想想只有遠走他鄉，各奔前程找活路去。哥哥捨不得兄弟，兄弟捨不得哥哥，哭得連鄰舍也傷心了。隔壁汪老娘看着重六不放心小兄弟，提醒當年五四公不是在皇覺寺許了願，捨朱重八給高彬法師當徒弟嗎？如今何不一徑當和尚去，一來還了願，二來總有碗淡飯，不比餓死強？二哥想想也是辦法，這事就此定了局。[15]

　　原來元璋少時多病，才生下，三四天不會吃奶。[16] 肚子脹得圓圓鼓鼓，險些不救。五四公做了一個夢，夢裏覺得孩子不濟事了，怕是命硬，也許只有佛菩薩救得下，索性捨給廟裏吧，一徑抱着孩子進一個寺，寺裏和尚一個也不在，接不着頭，又抱回來。忽然聽見孩子哭聲，夢醒了，孩子真在哭，媽媽在餵奶，居然會吃奶了，過幾天，肚脹也好了。長大後還是三天風、四天雨，啾啾唧唧，病總不離身，父母着了慌，想起當年的夢，才真的到寺裏許了願，給元璋捨了身。[17]

　　汪大娘和他的兒子汪文替元璋預備了香燭，一點禮物，央告了高彬法師。九月裏的一天，皇覺寺多了一個小沙彌，長老添了小徒弟。朱元璋剃光成葫蘆頭，披上一件師父穿爛的破衲衣，居然是佛門弟子了。掃地、上香、打鐘、擊鼓、煮飯、洗衣、念經，是日常功課，見人叫師父、師兄、施主，連稱呼也改了。早晚聽着鐘聲、鼓聲、木魚聲，想想自己，想想半年前的家，想想不知逃到哪兒去的二哥，心中無限感慨。[18]

選自《朱元璋傳》（1948年版）第一章第一節。

註　釋

1　《明太祖實錄》卷三十九："洪武二年三月丙申，上以旱災相仍，因念微時艱苦，乃祭告仁祖淳后曰：因念微時皇考皇妣，凶年艱食，取草之可茹者，雜米以炊，艱難困苦，何敢忘也。"

2　《明太祖實錄》卷一，《一統肇基錄》本《皇陵碑》，並作孤莊村。沈節甫《紀錄彙編》本《天潢玉牒》作太平鄉縣莊村。《七修類稿》引《皇陵碑》作孤莊村。

3　《明太祖實錄》卷十八；潘檉章：《國史考異》，引承休端惠王：《統宗繩蟄錄》。

4　《紀錄彙編》本《御製皇陵碑》。晗按《皇陵碑》有二本：一危素撰，《太祖實錄》卷三十七："洪武二年二月乙亥，詔立皇陵碑，先命翰林侍講學士危素撰文，至是文成，命左丞相宣國公李善長詣陵立碑。"一太祖御製，"洪武十一年四月，以皇陵碑記皆儒臣粉飾之文，特述艱難，明月運，俾世代見之"。一散文，一韻文。二文並見郎瑛《七修類稿》卷七，後文亦收入《紀錄彙編》。

5 《天潢玉牒》及高岱《鴻猷錄》作劉繼祖，徐禎卿《翦勝野聞》作劉大秀。沈德符：《野獲編補遺》義惠候條：劉繼祖字大秀。明太祖《高皇帝文集》追贈劉繼祖為義惠侯誥，略曰："朕微時罹親喪，難於宅兆，爾發仁惠之心，以己沃壤，慨然見惠，安厝皇考妣，大惠云何可忘。"

6 《皇陵碑》；《御製皇陵碑》；《天潢玉牒》；《翦勝野聞》；《鴻猷錄·龍飛淮甸》。

7 徐禎卿：《翦勝野聞》；王文祿：《龍興慈記》；王鴻緒：《明史稿·太祖紀》。

8 《御製皇陵碑》。

9 王文祿：《龍興慈記》。

10 危素撰：《皇陵碑》；《天潢玉牒》；《明太祖實錄》卷一。

11 《統宗繩蟄錄》；《國史考異》，引朱元璋：《朱氏世德碑》；《七修類稿》卷七；《明太祖實錄》卷五十三。

12 《朱氏世德碑》；《統宗繩蟄錄》。

13 《朱氏世德碑》。

14 《明史》卷三百，《外戚·陳公傳》。

15 《御製皇陵碑》；危素撰：《皇陵碑》。

16 《鴻猷錄·龍飛淮甸》。

17 《皇朝本紀》。

18 危素撰:《皇陵碑》;《御製皇陵碑》;《天潢玉牒》;《鴻猷錄·龍飛淮甸》。

明代的奴隸和奴變

（一）奴隸的來源

　　元末明初的學者陶宗儀，在所著《輟耕錄》卷十七奴婢條，說明這時代的奴隸情形，他指出了幾點：第一蒙古、色目人的臧獲，男曰奴，女曰婢，總稱為驅口，這類人是元初平定諸國所俘到的男女匹配為夫婦，所生的子孫，永為奴婢。第二是由於買賣，由元主轉賣與人，立券投稅，稱為紅契買到。第三是陪送，富人嫁女，用奴婢標撥隨女出嫁。這三類來源不間，性質一樣，在法律上和奴隸對稱的是良人，買良為驅，就法律說是被禁止的，因為良人是國家的公民，驅口或奴隸則是私人的財產。

　　其次，奴隸的婚姻限於同一階級，奴婢止可自相婚嫁，例不許聘娶良家，除非是良家自願娶奴隸的女兒，至於奴娶良家婦女，則絕對為法律為社會所不容許。

　　主奴關係的改變，有一種情形。奴隸發了財，成為富人，主子眼紅，故意找出一點小過錯，打一頓關起來，到他家席捲財物而去，名為抄估。家傾了，產蕩了，依然是奴才。除非是自己識相，自動獻出家財以求脫免奴籍，主人出了放良憑執，才能取得自由人的地位。

　　在法律上，私宰牛馬杖一百，打死驅口或奴隸呢，比平人減死一等，杖一百七，奴隸的生命和牛馬一樣！

奴婢所生的子女叫家生孩兒。

買賣奴隸的紅契，據姚燧《牧庵集》十二《浙西廉訪副使潘公神道碑》說：凡買賣人口，都要被賣人在契上打手指印，用的是食指，男左女右，以指紋的疏密來判斷人的短長壯少。這位潘廉訪就曾用指紋學，集合同年齡的十個人的指紋，來昭雪一件良人被抑為奴的冤獄。

買奴的實例，最值得我們注意的是 1555 年楊繼盛的遺囑，他在被殺前寫信給兒子處分後事，有一條說：

> 麴鉞，他若守分，到日後亦與他地二十畝，邸宅一小所。若是生事，心裏要回去，你就合你兩個丈人商議告着他 —— 原是四兩銀子買的他，放債一年，銀一兩得利六錢，按着年問他要，不可饒他，恐怕小廝們照樣兒行，你就難管。

奴隸作為財產處分的實例，小說《今古奇觀》"徐老僕義憤成家"是根據《明史》二百九十卷《阿寄傳》寫的，淳安徐家兄弟三人分家，大哥分得一匹馬，二哥分得一條牛，老三被欺侮，分得五十多歲的老奴阿寄，寡婦成天悲哭，以為馬可以騎，牛可以耕田，老奴才光會吃飯，老奴才氣急了，發憤經商，發了大財，臨死時說："老奴牛馬之報盡矣！"

（二）《大明律》中的奴隸

　　駔口這一名詞在明代似乎不大用了，奴隸的社會地位和生活情形卻並不因為朝代之改變而有所不同。為了維持階級的尊嚴，庶民是不許蓄養奴隸的，《明律》四《戶律》一：

　　　　庶民之家存養奴婢者，杖一百，即放從良。

良賤絕對不許通婚，《明律》六《戶律》：

　　　　凡家長與奴娶良人女為妻者，杖八十。女家減一等。不知者不坐，其奴自娶者罪亦如之。家長知情者減二等，因而入籍為婢者杖一百。若妄以奴婢為良人而與良人為夫妻者，杖九十，各離異改正。

姦淫的處刑也不問行為，只問所屬階級，《明律》二十五《刑律》八：

　　　　凡奴及僱工人姦家長妻女者各斬……妾各減一等，強者亦斬。
　　　　凡奴姦良人婦女者，加凡姦罪一等。良人姦他人婢者減一等，奴婢相姦者以凡姦論。

毆罵殺傷也是一樣，《明律》二十《刑律》三：

凡奴婢毆良人者加凡人一等，至篤疾者絞，
死者斬。其良人毆傷殺他人奴婢者減凡人一等，
若死及故殺者絞。若奴婢自相毆傷殺者，各依凡
鬥傷法，相侵財物者不用此律。

　　凡奴婢毆家長者皆斬，殺者皆凌遲處死，過
失殺者絞，傷者杖一百，流三千里。

　　若奴婢毆舊家長，及家長毆舊奴婢者各以凡
人論。

　　凡奴婢罵家長者絞……若僱工人罵家長者，
杖八十，徒二年。

　　大體地說來，私人畜養的奴隸愈多，國家的人民就愈
少，租稅力役的供給就會感覺到困難。以此政府雖然為代
表官僚貴族地主的少數集團利益而存在，但是，這少數集
團的過分發展將要動搖政府生存的基礎時，政府也會和這
少數集團爭奪人口，發生內部的鬥爭。著例如洪武五年（公
元 1372）五月下詔解放過去因戰爭流亡，因而為人奴隸的
大量奴隸。正統十二年（公元 1447）雲南鶴慶軍民府因為
所轄諸州土官，家僮莊戶，動計四千，不供租賦，放逸為
非，要求依照品級，量免數丁，其餘悉數編入民籍，俾供
徭役。政府議決的方案是四品以上免十六丁，五品六品免
十二丁，七品以下遞減二丁，其餘盡數解放，歸入民籍，
但是，在實際上，這些法令是不會發生效力的，因為庶民

不許畜養奴隸，而畜養奴隸的人正是支持政府的這少數官僚貴族地主集團，法令只是為庶民而設，刑不上大夫，這法令當然是落空的。

（三）奴隸的生活

明代統治集團畜養奴婢的數量是值得注意的，單就吳寬《匏翁家藏集》的幾篇墓誌銘說，卷五十七《先世事略》：

> 先母張氏……勤勞內助，開拓產業，傭奴千指，衣食必均。

七十四《承事郎王應祥墓表》：

> 家有傭奴千指。

何喬新《何文肅公集》三十一《故承事郎趙君孺人華氏墓表》：

> （無錫趙氏）族大資厚……僮使千指。

唐順之《荊川文集》十一《葛母傳》：

> 葛翁容庵……遊於商賈中……殖其家……僮婢三百餘指。

嘉靖時名相徐階家人多至數千。[1]至於軍人貴族，那更不用說了，洪武時代的涼國公藍玉蓄莊奴假子數千人[2]，武定侯郭英私養家奴百五十餘人。[3]

　　大量奴隸的畜養，除開少數的家庭奴隸，為供奔走服役的以外，大部分是用來作為生產力量的。用於農業的例子如《匏翁家藏集》五十八《徐南溪傳》：

> （徐訥）不自安逸，率其僮奴，服勞農事，家用再起。

六十五《封文林郎江西道監察御史王公墓誌銘》：

> （吳江王宗吉）置田使僮奴耕以養生，久之，囷有餘粟。

《何文肅公文集》三十《先伯父稼軒先生墓誌銘》：

> 買田一區，帥群僮耕之。

用於商業的例子如《匏翁家藏集》六十一《裕庵湯府君墓誌銘》：

> 世勤生殖……有兄弟八人，其仕者曰渭，他皆行貨於外……其家出者，率僮奴能協力化居，而收倍蓰之息。

六十二《李君信墓誌銘》：

> 益督僮奴治生業，入則量物貨，出則置田

歆，家卒賴以不墜。

用於工業的如《穀山筆塵》所記：

> 吳人以織作為業，即士大夫家多以紡績求
> 利，其俗勤嗇好殖，以故富庶。然而可議者如華
> 亭相（徐階）在位，多蓄織婦，歲計所積，與市
> 為賈，公儀休之所不為也。

高度的勞動力的剝削，造成這些統治集團大量的財富，奴
隸過着牛馬一樣的生活，在精神上也被當作牛馬一樣看
待。謝肇淛《五雜組》十四《事部》說，福建長樂奴庶之
別極嚴，為人奴者子孫不許讀書應試，違者必群擊之。新
安之俗，不禁出仕，而禁婚姻。江蘇婁縣為主僕之分尤
嚴，據《研堂見聞雜記》：

> 吾婁風俗極重主僕，男子入富家為奴，即
> 立身契，終身不敢雁行立。有役呼之，不敢失尺
> 寸。而子孫累世不得脫籍，間有富厚者，以多金
> 贖之，即名贖而終不得與等肩，此制馭人奴之律
> 令也。

（四）明末的奴變

奴隸在統治集團的政治和軍力控制之下，他們受盡

了虐待，受盡了侮辱。然而，一到這集團腐爛了，政治崩潰了，軍隊解體了，整個社會組織渙散無力了，他們便一鬨而起，要索還身契，解放自己和他的家族了。明代末年的奴隸——奴隸解放運動，可以說是歷史上最光輝的一件大事。這運動從崇禎十六年到弘光元年（公元 1644 至 1646），地域從湖北蔓延到江浙。

徐鼒《小腆紀年》卷二：

> （崇禎十六年）四月，（張）獻忠連陷麻城。楚士大夫僕隸之盛甲天下，而麻城尤甲於全楚。梅劉田李諸右姓家僮不下三四千人，雄張里閭間。寇之將作也，（奴）思齊以尺伍為捍蔽，聽其糾率同黨，坎牲為盟曰里仁會。諸家兢飾衣冠以誇耀之，其人遂炮烙衣冠，摧刃故主，城中大亂。城外義兵圍之，里仁會之人大懼，其渠湯志殺諸生六十人，而推其與己合者曰周文江為主，縋城求救於獻忠。獻忠自殘敗後，步卒多降於自成麾下，惟騎士七千人，聞麻城使至，大喜，進兵城外，義兵解圍走，獻忠遂入麻城，城中降者五萬七千人，獻忠別立一軍名曰新營，改麻城為州，以文江知州事。

次年北都政權覆滅後，嘉定又起奴變，《小腆紀年》卷六：

（崇禎十七年五月）嘉定華生家客勾合他家奴及群不逞近萬人，突起劫奪，各縛其主而杖之，踞坐索身券。（蘇松巡撫祁）彪佳捕斬數人，餘盡捬諸獄，令曰，有原主來保者得貰死，於是諸奴搏顙行丐原主以免。

金堡《徧行堂續集》卷六《朱息園傳》：

東南故家奴樹黨叛主，所在橫行。翁家群奴謀乘宗祠長至之祀，圍而焚之……即從山中歸，預祭，畢門外劍戟林立，翁久以恩信孚諸健兒，里亡賴聞聲輒斂手。至是出叱之去，群奴盡靡，翁密語當塗，誅其首惡，亂始定，主僕之分始明。

雖然被地方政府用軍力壓服，可是這運動還是在繼續發展，《研堂見聞雜記》記1646年婁縣的情形：

乙酉亂，奴中有點者，倡為索契之說，以鼎革故，奴例何得如初。一呼千應，各至主門，立逼身契。主人捧紙待，稍後時即舉火焚屋，間有縛主人者。雖最相得最受恩，此時各易面孔為虎狼，老拳惡聲相加。凡小奚細婢在主人所者，立牽出，不得緩半刻。其大家不習井灶事者，不得不自舉火。自城及鎮及各村，而東村尤甚，鳴鑼聚眾，每日有數千人，鼓噪而行，群夫至家，主人落魄，焚劫殺掠，反掌間耳，如是數日而勢稍定。

到建州政權在各地奠定以後，這些舊地主官僚和資本家又得到新主人的蔭蔽了，他們替新主人鎮壓人民，維持秩序，搜括財富，徵發勞役，自然，所得到的報酬是財產的尊重和奴隸的控制。

　　一部分人民的厄運，又因大清帝國的成立，而延續了將近三百年。

選自《歷史的鏡子》。

_____

註　釋

1　于慎行：《穀山筆麈》五。

2　《明太祖實錄》卷二二五。

3　《明太祖實錄》卷一五五。

明代漢族之發展

明初八十年中（公元 1368 至 1448）漢族的發展，可以分作三方面：第一是西南邊區，第二是南洋群島，第三是東北邊區的開拓。

（一）西南邊區

明太祖建國以後，蒙古人殘留在國內的勢力有雲南的梁王和東北的納哈出。到洪武四年（公元 1371）消滅了割據四川的夏國（明昇）以後，便立刻着手解決這兩個邊區，以洪武五年到八年先後派出使臣王禕和吳雲到雲南招降，都被梁王所殺。到洪武十四年便決意用武力平定，派出傅友德、藍玉、沐英三將軍分兩路進攻。這時雲南在政治和地理上分作三個系統：第一是直屬於蒙古政府以昆明為中心的梁王，第二是在政治上隸屬於蒙古政府以大理為中心的土酋段氏。以上所屬的地域都被分作路府州縣。第三是在上述兩系統底下和南部（今思普一帶）的非漢族諸部族，就是明代人叫做土司的地域。在這三系統中漢化程度以第一為最深，第二次之，第三最淺或竟未漢化。

現在貴州的西部在元代屬於雲南行省。其東部則另設八番順元諸軍民宣慰使司管理羅羅及苗族土司。元至正二十四年（公元 1364）明太祖平定湖南湖北，和湖南接界的貴州土人頭目思南（今思南縣）宣慰和思州（今思縣）宣撫先後降附。到洪武四年平夏後，四川全境都入明版圖，和四川接境的貴州其他土司大起恐慌，貴州宣慰和普定府總管即於第二年自動歸附。明太祖對待這些土司的辦法，也仿照前代成例，仍用其原來頭目管理，分別給以土官銜號（宣慰司、宣撫司、招討司、安撫司、長官司），或設土府州縣，即以其酋長充任。

這些官都是世襲的並且有一定的轄地和土民，但其繼承必須得中央政府的允許。平時對中央政府繳納少數名義上的賦稅，在戰時政府如有徵調則必須服從。明代中葉對外戰爭如倭寇建州諸役，湖南、四川、廣西各地的土司都曾出了很大的氣力，調出最好的士兵，為國家作戰。總括地說，土司和中央政府的關係，在土司方面是藉中央所給予的地位和權威，來鎮懾部下百姓，在中央方面則用爵賞政策牢籠土司，使其約束土民，維持地方安寧，可以說是互相為用的。

貴州的土司大部分已經投順明朝，雲南在東北兩面便失去遮蔽，明兵便從這兩面進攻。一路由四川南下取烏撒（今雲南鎮雄、貴州威寧等地），這地方是四川、雲南、貴州三省的接壤處，恰似犬牙突入，在軍事上可以和在昆明的梁王主力軍呼應，並且是羅羅族領域的中心。一路由湖南向西取普定（今貴州安順），進攻昆明。

以明軍動員那天算起，不過一百多天的工夫，明東路軍便已直抵昆明，梁王兵敗自殺。明兵再回師和北路軍會攻烏撒，把蒙古軍消滅了，附近東川（今雲南會澤）、烏蒙（今雲南昭通）、芒部（今雲南鎮雄）諸羅羅族都望風降伏。昆明附近諸路也大都以次歸順。

洪武十五年正月置貴州都指揮使司和雲南都指揮使司，樹立了軍事統治的中心。二月又置雲南布政司，樹立了政治的中心。

佈置一定，又再向西進攻大理，經略西北和西南部諸地，招降麼些、羅羅、撲剌、爨諸族。又分兵南下，以次勘定各土司。分雲南為五十二府，六十二州，五十四縣，在要害處所設兵置衞。雲南邊外的緬國和八百媳婦（今暹羅地）都遣使內附，置緬中、緬甸和老撾（今暹羅）、八百諸宣慰司。又令沐英以西平侯（後來進封為黔國公）世守雲南。沐家世代都有政治上和軍事上的人才，他們竭力輸入漢族文化，興學校，修水利，墾荒地，經過三百年的經營，人文漸盛，到建州入關後，雲南竟成為明朝最後一個皇帝（永曆帝）的抗戰根據地了。

在貴州方面，到永樂初年思南和思州兩土司因爭地自相仇殺，永樂十一年（公元 1413）才分貴州為八府四州，設貴州布政使司，以長官司七十五分隸之，在系統上屬於戶部，都指揮使司領十八衞及七長官司，直隸於兵部。從此貴州也成為內地了。

雲貴內屬後，中國和安南的關係更加密切。

安南東北和廣西、西北和雲南接壤。洪武元年定兩廣後，安南王陳日煃即遣使臣進貢納款，受冊封為安南國國王。數傳後為國相黎季犛所篡，改國號為大虞，自改姓名為胡一元，子蒼改名查，自稱太上皇，以子查為皇帝。對明朝則詐稱陳氏已絕，查為陳氏外甥，請以查權署安南國事。明成祖不知是詐，就派使冊封為王。可是黎氏父子在國內仍自稱帝，並且出兵侵奪廣西和雲南邊境土司的土地。直到永樂二年（公元 1404）八月老撾宣慰使派人護送逃亡到老撾來的前安南王孫陳天平到京後，明朝才知黎氏篡逆的情形，立刻遣使責問。

黎季犛在表面上非常恭順，不但派使臣來謝罪，並請求陳天平回國。明成祖高興極了，派了使臣和幾個將軍帶五千兵護送陳天平回去，不料黎季犛卻伏兵在中途，把陳天平和護送的使臣都殺了。

明成祖大怒，永樂四年七月派朱能、沐晟、張輔等二十五將軍分出雲南、廣西討伐安南。朱能在軍中病歿，張輔代為統帥。入安南境後，即宣告黎氏罪狀和出兵復立陳氏之意。明朝出兵本來名正言順，得了安南百姓的同情，並且士馬精壯，連戰都捷，勢如破竹。五年大敗安南軍，獲黎季犛父子，安南平。

時陳氏子孫已絕，安南人自動請求改為郡縣，於是置交趾布政司和都指揮使司按察司，分交趾為十七府，四十七州，一百五十七縣。用中國官吏治理，同於內地。

一年後，陳氏遺臣簡定反，自稱日南王，後來又立陳季擴為大越皇帝，自稱上皇，聲勢很是浩大。明成祖再派張輔出兵，擒了簡定，招降陳季擴以為交趾右布政使。季擴反覆不聽命，永樂九年第三次派張輔出征，到十二年才擒獲陳季擴，交趾再度平定。

　　明成祖這時感覺到單用武力鎮壓是不夠的，又添設交趾府州縣的“儒學”和“醫學”，努力輸入漢族文化。佈置稍定，便召張輔回京。

　　不料張輔一走，交趾黎利又反。

　　原來從明成祖即位以後，立下一個慣例，大將出征或戍守必置中官（太監）監軍，中官是皇帝的近侍，勢力大，這時交趾的監軍中官叫馬騏，性貪而又殘忍，引起交趾人民的痛恨，黎利乘機起事，勢力愈來愈大，從永樂十六年到宣德三年（公元 1418 至 1428）明朝始終不能平定。

　　宣德三年七月明兵大敗，統帥戰死，明宣宗不得已只好放棄交趾，撤退所有的機關和官吏。從此安南又復獨立，對中國卻仍保持屬國關係，按時派使朝貢。

（二）南洋群島

　　和三征安南同時並行的開拓事業，有鄭和的七下西洋。

　　現在的南洋在元明間，叫做東洋和西洋。遠在紀元前二世紀，中國和南洋已有交通。以後一千幾百年中，中國的商人航海去買賣貨物，僧侶去留學求經，外交使臣去封王賞賜，和南洋列國的使臣、僧侶、商人的不斷到中國來，兩方面的關係已經非常密切。中國商人至遲在唐朝已有僑住南洋生長子孫的。據元人和明初人的記載，當時南洋各地都已有大量的漢人在經營各種事業，勢力很大。

到明成祖永樂三年（公元 1405）為着要耀武海外，和追蹤被疑心為逃亡在海外的建文帝，派遣太監鄭和率領了六十二條大舶和二萬八千名將士，出使南洋。所到的地方宣示皇帝的恩意，賞賜當地君長以種種名貴的物品，諭他們稱臣入貢，同時輸出中國土產，買進南洋特產。總計鄭和在二十八年中（公元 1405 至 1432）前後遠征南洋七次，每次的使命都博得偉大的成功。

內中最可注意的是第一次遠征，肅清蘇門答剌的海盜，設置舊港（今巴林旁，在蘇門答剌島上）宣慰使司，成立了第一個海外殖民地的管理機關。第二次遠征的俘獲錫蘭國王，和第三次遠征的擒獲蘇門答剌王子，歸國獻俘，使大明國威震耀海外。七次遠征隊所到的地方，除遍歷南洋群島以外，並且還到過非洲的東岸。

海外的僑民有強盛的祖國作後盾，移殖的人數日漸加多，事業也愈益發展，南洋群島的富源因華僑而開闢，交通因華僑而發達，文化因華僑而提高。假如明朝再繼續經營下去，也許在歐洲人未東來以前，南洋群島已成為中國的郡縣了。可惜明宣宗死後，政府不再注意南洋。正德以後又因倭寇掠沿海，採取鎖國政策，禁止人民出海，這是我國海外移民事業的一大打擊。但人民仍有冒險犯禁，祕密出海的。

反之，中國的政治勢力從南洋退縮，歐洲人則向南洋前進。從公元 1516 年葡萄牙人東來起，歐洲的商人拿着槍炮，教士捧着聖經，在政府的竭力鼓勵之下，源源不絕地到東方來，幾十年中就把華僑的勢力壓下去，霸住了整個的南洋群島，作為他們的殖民地，從此漢族向南發展的道路完全被阻了。

（三）東北邊區

在西北及東北方面明初也有很大的發展，元順帝退回蒙古以後，仍擁有極大的土地和實力，西北方面有王保保的大軍不斷向明朝進攻，東北則有雄踞金山（在開原西北二百五十里，遼河北岸）的納哈出，養兵蓄馬，等候機會南下。遼陽、瀋陽、開原一帶也都有蒙古軍屯聚。

洪武四年（公元 1371）二月原遼陽守將劉益降後，即置遼東衞指揮使司，七月又置遼東都指揮使司，總轄遼東軍馬，逐漸地把遼、瀋、開原等地征服。同時又從河北、山西、陝西各地幾次分兵大舉深入蒙古，擊敗王保保的主力軍，到洪武八年王保保死後，蒙古西路和中路的軍隊日漸困敝，不敢再深入內地侵掠。明太祖乘機以次經營甘肅、寧夏一帶，更進一步招撫西部各羌族和回族部落，給以土司名義或王號，使其分化，不能入寇中國，同時也利用他們來阻擋蒙古人的南下。在長城以北今內蒙地方則就各要害地點設置軍事中心，逐漸把蒙古人趕往漠北，不使近塞。

西北的問題解決後，再轉過來對付東北。

洪武二十年（公元 1387）命馮勝、傅友德、藍玉等將軍率兵北征納哈出，大軍出長城松亭關，築大寧、寬河、會州、富峪（均在今熱河境）四城，留兵屯守，切斷納哈出和蒙古中路軍的呼應，再東向用主力進逼金山，納哈出孤軍元援，只好出降，遼東全定。到洪武二十三年蒙古主脫古思帖木兒被弒，部屬分散，以後篡亂相繼，勢力日衰，明朝北邊的邊防也因之博得一個短時期的安寧。

明太祖在這時候便努力經營東北：一方面封子韓王於開原，寧王於大寧（今熱河），以控扼遼河之首尾，又封子遼王於廣寧（今遼寧北鎮），以阻止蒙古及女真之內犯。另一面採分化政策，把遼河以東諸女真部族分為若干衛所，個別地給其酋長以名義並指定住地，使其不能團結為患。

女真這一部族原是金人的後裔，分為建州、海西、野人三種。到明成祖即位後，越發遣使四出招撫女真部族，拓地至今黑龍江口，繼續設置衛所，連太祖時代所設的共百八十四衛。置奴兒干都司以統之。現在的俄領庫頁島和東海濱省都是當時奴兒干都司的轄地。這些衛所的長官都以原來的酋長充任，許其世襲，並且給以璽書作為允許進貢和互市的憑證。諸衛中以建州衛為最強，建州衛後來又分出左衛和右衛，合稱建州三衛。他們的原住地在今朝鮮境內東北部，因朝鮮之凌逼逐漸向西北移徙，和遼東接境，因之漸受漢化。

（四）改土歸流

上文曾說明十六世紀初期因倭寇侵掠沿海，堵住漢族向南發展的路徑。在北邊也是一樣，被蒙古部族所侵擾，明朝用了很大的力量，才能以長城為邊界，保住內地。明代人所謂"南倭"和"北虜"，可說是漢族向外發展的兩大阻力。原來在十五世紀的前期，蒙古瓦剌部興起。在公元1449年瓦剌把明英宗所親自統率的大軍擊敗，把明英宗擄去，從此以後明朝不能不用大部分的兵力守住長城，防禦蒙古人。正德以後倭患越發厲害，到嘉靖後期（公元1542至1566）北有蒙古別部韃靼，東南有倭寇，三面都受攻擊，明朝用全力抵禦，才能幸保無事。可是往外發展的道路卻全被堵斷了，在這種情形下只好掉過頭來充實內部，明代漢族的發展於此轉變到第二個階段"改土歸流"。

所謂"改土歸流"，土是土官，即上文所說過的土司，用世襲的土官按土俗治理。流是流官，即非世襲的，由中央政府任免的普通官吏。"改土歸流"的意思就是革去土司，用流官照漢法治理。在文化上可以說是加強漢化，在政治上可以說是各非漢族部族直接收歸中央治理。

大概地說來，明代西南部非漢族各族的分佈，在湖南、四川、貴州三省接壤處是苗族活動的中心，向南發展到了貴州。廣西則是傜族（在東部）和僮族（在西部）的根據地。四川、貴州、雲南三省接壤處是羅羅族活動的中心。四川西部和雲南西北部則有麼些族，雲南南部有僰族（即擺夷）。

在上述各區域中除純粹由土官治理的土司以外，還有一種參用流官的制度，大致以土官為主官，另外派遣流官去幫他治理地方，使之逐漸漢化。相反的在設立流官的州縣，境內卻有不同部族的土司存在。從此不但在同一布政司治下，有流官的州縣，有土官的土司，有土流合治的州縣；即在同一流官治理的州縣內，也有漢人和非漢人雜居的情形。

中央政府對付這些部族的政策，在極邊區域，只要他們秉承朝命，治民合理，和漢人相安無事，便叫其世世相承，不加干涉。在內地則採逐漸同化政策，如派遣流官助治，和開設學校，選派土人子弟到京師國子監讀書，等等。

這政策的合理和寬大是無可非議的。可是明代中期以後卻時時發生土漢的戰爭，內中尤以成化元年（公元 1465）到嘉靖十八年（公元 1539）的三次平定廣西潯州大藤峽傜，用兵數十萬，前後歷時七十幾年，萬曆十七年到二十八年（公元 1589 至 1600）的平定播州（今四川和貴州交界）楊應龍，天啟元年到崇禎二年（公元 1621 至 1629）的平定貴州水西羅羅族巨酋奢安西族，三役為最著名。

土漢戰爭所以引起的原因，大約不外四種：第一是有地方官吏貪功好殺，虐待土民，引起土司的反抗。第二是土司常因繼承問題（土人女子亦有繼承權，夫死無子妻可以代襲。又土司多妻，嫡庶子易引起爭襲問題，女土司和族人亦易引起糾紛）和土司間的土地爭奪發生戰爭，不受當地官吏制裁，往往由中央政府出兵平定。第三是政府對土司採放任政策，有的勢力強大的土司，聯合諸部，企圖獨立，和中央對抗。第四是漢人和土人因經濟利益而引起的衝突，例如土人土地之被漢人開墾、商業之被漢人操縱等等。

　　結果漢族自然佔了勝利，戰敗的土司被消滅，所治理的人民和土地便由中央政府派官治理，這是改土歸流的第一種方法。第二種是有的土司深受漢化或感受他族逼脅，自動請求改設流官。第三種是土官絕後，無人繼承，政府因而改流。在這三種方法下，陸續地把各部族中的重要土司改為流官，設置州縣，再以這些州縣為根據，去同化其他鄰近的土司。

　　這運動到清代前期又繼續進行，州縣的設置愈多，土司的數目便越少。現在雖然在四川、湖南、貴州、廣西、雲南五省內還有少數的土司存在，大概不久後也將完全同化於漢族了。

原載《中央日報・史學》第二十三期，1939 年 5 月 30 日。

華人煙草生意的開始和傳佈

　　幾個月前，和夏衍同志在一起閒談，談到煙草的傳佈歷史，他把我的說法寫在《花木瓜果之類》文章中。發表在《新觀察》上。這幾天我又查了過去所寫的文章，看了一些書，恰好相反，那天我記錯了，把話說倒了：煙草不是從廣州傳到朝鮮、日本，而是由日本傳到朝鮮，又傳入我國東北的；另一路則從菲律賓傳到福建、廣東，又從閩廣傳到北方；第三條是由南洋輸入廣東。

　　看來，對煙草傳入歷史有興趣的人並不少。而且，那次說撐了，也應該更正。寫《談煙草》。

　　幾十年前，美國有一個人叫洛弗，寫了一本關於煙草的小冊子，講煙草輸入亞洲各地的情形。據他的研究，日本在公元 1615 年（明萬曆四十三年）曾經下令禁止吸煙，焚毀煙葉，拔去未穫的煙草。至於煙草的輸入日本，開始種植，大約是公元 1605 年的事。第一次帶煙葉到日本來的是葡萄牙人，葡萄牙人在日本記載上叫做南蠻，時間在十六世紀末年。不過幾年，長崎便有人經營煙草種植，吸煙的習慣很快地就傳播到各處，儘管有禁令，人們還是愛吸。日本人所用淡芭菰這個字，就是從葡萄牙文 Tobaco 來的。

　　在中國方面，最初傳入煙草的是十七世紀初年的福建水手，他們從呂宋帶回來煙草的種子，再從福建南傳到廣東，北傳到江浙。明末名醫張介賓（景嶽）在他的著作中，第一次提到煙草的歷史和故事。他說："此物自古未聞也。近自我明萬曆（公元 1573—1620）時，始出於閩廣之間，自後吳、楚地土皆種植之矣，然總不若閩中者色微黃質細，名為金絲煙者，力強氣勝為優也。求其習服之始，則向以征滇之役，師旅深入瘴地，無不染病，獨一營安然無恙，問其所以，則眾皆服煙。由是遍傳，而今則西南一方，無分老幼，朝夕不能間矣。"公元 1638 年（明思宗崇禎十一年）和 1641 年都曾有詔諭禁止吸煙和種煙，但是不管事。到崇禎末年已經弄到"三尺之童，無不吸煙"的地步了。

在朝鮮，據荷蘭水手漢末爾 1668 年的報告，遠在五六十年前，朝鮮已經從日本輸入煙草和種植的方法了。他們以為這種種子來自南蠻國，名之為南蠻草。在漢末爾被俘居留在朝鮮的時候，朝鮮人已經有了吸煙的嗜好。朝鮮煙草最為中國人所愛好，兩年一次的朝鮮使臣到北京來，在禮物中就有煙草一項。

煙草傳到東方的路線有三條：第一條由墨西哥到菲律賓、到中國臺灣，再到內地；第二條由葡萄牙人傳到印度、印尼和日本；第三條俄國人到了西伯利亞，學會了吸煙和種煙的方法。

洛弗的著作是泛論亞洲的煙草傳佈的。至於煙草在我國國內傳佈情況，材料也很多。

明人著作中除張介賓的《景嶽全書》外，提到煙草的歷史的有方以智的《物理小識》卷九記："萬曆末，有攜（淡把姑）至漳泉者，馬氏造之曰淡肉果，漸傳至九邊，皆銜長管而火點吞吐之，有醉仆者。崇禎時嚴禁之不止。其本似春不老而葉大於菜，暴乾以火酒炒之曰金絲煙，北人呼為淡把姑，或呼擔不歸。可以祛濕發散，然服久則肺焦，諸藥多不效，其症忽吐黃水而死。"說得很怕人。

漳泉的煙草來自臺灣，《臺灣府志·土產門》：淡芭菰冬種春收，曬而切之，以筒燒吸，能醉人。原產灣地，明季漳人取種回栽，今名為煙，達天下矣。

臺灣的煙草又來自菲律賓，姚旅《露書》：呂宋國有草名淡芭菰，一名金絲醺，煙氣從管中入喉，能令人醉，亦闢瘴氣，可治頭蝨。

也可以殺農業害蟲，朱仕玠《海東膡語》說："（臺田）苗多生蟲槁死，每下種以煙梗治根下，蟲患乃息。"

趙翼《陔餘叢考》卷三十三煙草條："王阮亭引姚旅《露書》……初漳州人自海外攜來，莆田亦種之，反多於呂宋矣。然唐詩云相思若煙草，似唐時已有服之者。據王肱《枕蚓庵瑣語》，謂煙葉出閩中，邊上人寒疾，非此不治，關外至以一馬易一斤。崇禎中下令禁之，民間私種者問徒，利重法輕，民冒禁如故。尋下令犯者皆斬，然不久因軍中病寒不治，遂弛其禁。予兒時尚不識煙為何物，崇禎末三尺童子莫不吃煙矣。據此則煙草自崇禎時乃盛行也。"

楊士聰《玉堂薈記》說崇禎十二年（公元 1639）定例，

吃煙者死。洪承疇請開其禁，初以吃煙聲似吃燕，故惡之。原來還有忌諱在裏頭呢。《寒夜叢談》也說："煙草產自閩中⋯⋯崇禎初重法禁之不止，末年遂遍地種矣。余兒時見食此者尚少，迨二十年後，男女老少，無不手一管，腰一囊。"

董含大概是不抽煙的，他在《三岡識略》裏講到抽煙："明季服煙有禁，惟閩人幼而習之，他處百無一二也。近日賓主相見，以此鳴敬，俯仰涕唾，惡態畢具。始則城市服之，已而沿及鄉村矣。始猶男子服之，既而遍閨閣矣。習俗易人，正有不知其然而然者。"

連煙管也有講究，張問安《亥白集》竹枝詞："淡芭菰好解愁能，幽怨傳來呂宋曾，一種湘筠和淚色，土花斑駁上洋藤。原註：煙草始於呂宋國，近洋中有藤，花紋斑駁，以製煙筒極精。"這是清朝嘉慶時期的事情了。

這樣，從菲律賓到我國臺灣，到漳、泉，再傳到北方九邊，這是煙草傳入我國的第一條路線。

第二條路線是由南洋輸入廣東。

據《粵志》："粵中有仁草，一曰八角草，一曰金絲煙，治驗亦多。其性辛散，食其氣，令人醉。一曰煙酒，其種得之大西洋。一名淡巴菰，相思草，閩產者佳。"

一說由越南傳入，廣東《高要縣志》："煙葉出自交趾，今所在有之，莖高三四尺，葉多細毛，採葉曬乾如金絲色，性最酷烈，取一二釐於竹管內以口吸之，口鼻出煙，服之以禦風濕，獨取一時爽快，然久服面目俱黃，肺枯聲乾，未有不殞身者，愚民相率服習，如蛾赴火，誠不可不嚴戢之也。"

楊士聰《玉堂薈記》說：煙自天啟末（公元 1620—1627）調廣兵，乃漸有之。可見也是由部隊帶到北方去的。

第三條路線是由遼東傳入，從日本到朝鮮到遼東。

朝鮮人稱煙草為南蠻草，又名南草。萬曆四十四、五年間（公元 1616—1617）由日本輸入朝鮮。天啟辛酉、壬戌（公元 1621—1622）以後，朝鮮吸煙的人很多。由商人輸入瀋陽，清太宗以其非土產，下令禁止。

《朝鮮李朝仁祖實錄》記，公元 1637 年（明崇禎十年，清崇德二年），朝鮮政府以南草作禮物贈與建州官員云："丁丑七月辛巳，戶曹啟曰：'世子蒙塵於異域……彼人來往館所者不絕，而行中無可贈之物，請送南草三百餘斤。'上從之。"世子即昭顯世子洭，因三田渡之盟作質於建州，彼人指建州官員。

可是第二年即被建州禁止，《仁祖實錄》："戊寅（公元 1638）八月甲午，我國人潛以南靈草入送瀋陽，為清將所覺，大肆詰責。南靈草，日本國所產之草也，其葉大者可七八寸許，細截之而盛之竹筒，或以銀錫作筒，火以吸之，味辛烈，謂之治痰消食，而久服往往傷肝氣，令人目瞀。此草自丙辰、丁巳間（公元 1616—1617）越海來，人有服之者而不至於盛行。辛酉、壬戌（公元 1621—1622）以來，無人不服，對客輒代茶飲，或請之煙茶，或謂之煙酒。至種採相交易。久服者知其有害無利，欲罷而終不能焉。世稱妖草。轉入瀋陽，瀋人亦甚嗜之。而虜汗（指清太宗）以為非土產，耗財貨，下令大禁云。”次年，朝鮮派往瀋陽的使節即以夾帶南草被鳳凰城人所發覺，為憲司所劾罷職。

同書又記："庚辰（公元 640）四月庚午，賓客李行遠馳啟曰：'清國南草之禁，近來尤重，朝廷事目，亦極嚴峻。而見利忘生，百計潛藏，以致辱國。請今後犯禁者一斤以上先斬後聞；未滿一斤者，囚禁義州，從輕重科罪。'從之。”兩國都用重刑禁止輸入和走私，甚至處走私的以死刑，可是，吸煙已成建州貴族的迫切需要，無論如何也禁止不了。

同書記："丙戌（公元 1646）二月辛巳，冬至使李基祚至北京，馳啟曰：'……龍將（英俄爾岱）又密言於李茒叱石曰"今番減米乃九王之力，九王喜吸南草，又欲得良鷹，南草良鷹，並可入送，以致謝意"云。'”九王即當時的攝政王多爾袞。

把以上的史料和荷蘭水手漢末爾的報告對比，是完全符合的。而且南草也確是日本名詞，《言泉》"南草，淡芭菰之異稱也"，可證。上引《李朝實錄》中的南靈草，大概就是南蠻草，靈蠻字形相近，抄本是很容易抄錯的。

在中國方面，和朝鮮接壤的是遼河以東新興的後金。（1636 年後改稱清，本文稱未入關前為建州，未改國號前為後金，入關後為清）明人禁煙上文已經講過了，後金的禁煙則見於《東華錄》天聰八年（公元 1634）："上謂貝勒薩哈廉曰：聞有不遵煙禁，猶自擅用者。對曰：臣父大貝勒曾言，所以禁眾人，不禁諸貝勒者，或以我用煙故耳。若欲禁止用煙，當自臣等始。上曰：不然，諸貝勒雖用，小民豈可效之，民間食用諸物，朕何嘗加禁耶！又謂固山額真那木泰曰：爾等諸臣在衙門禁止人用煙，至家又私用之，以此推之，凡事俱不可信矣。朕所以禁用煙者，或有窮乏之家，其僕從皆窮乏無衣，猶買煙自用，故禁之耳。不當禁而禁，汝等自當直諫，若以為當禁，汝等何不痛革！不然，外廷私議禁約之非，是以臣謗君，子謗父也。"

《皇朝通考·刑考》也記，崇德三年（公元 1638）嚴出境貨買煙草之禁。

從這一段記載，我們知道：第一，後金之禁煙，在 1634 年之前，比朝鮮的記載早四年。第二，當時的貴族，王公貝勒大臣中有不少人都抽煙，除九王以外，大貝勒代善也有煙癮。第三，後金禁煙的對象是老百姓，不禁貴族。由於禁下不禁上，禁令沒有什麼效果，貴族大臣們有意見。第四，後金之禁煙目的是為了非土產，耗財貨。這一點除了已見上引的朝鮮記載以外，還在 1641 年的煙草解禁令中明白指出，據《東華錄》崇德六年（公元 1641）："二月戊申，諭戶部曰：前所定禁煙之令，其種者用者，屢行申飭。近見大臣等猶然用之，以致小民效尤不止。故行開禁，凡欲用煙者，惟許各人自種而用之，若出邊貨買者處死。"煙禁的開放，只限於自種自用，至於從國外走私輸入的，仍然要殺頭，和上引朝鮮記載可以互證。

從這件事情看來，清太宗對煙草採用民間自種、嚴禁走私進口的政策是正確的，在那個時代能夠有這樣的措施是件很了不起的事。

由於開放了禁令，東北有很多地方種了煙，《盛京通志‧物產》、《皇朝通志‧昆蟲草木略》都說："隴旁隙地多種之，葉肥大至徑尺，食之禦寒。"

《熱河志》說："隴旁隙地種之，葉肥大至徑尺，其近頂處數葉俗呼曰蓋露。"這就是有名的關東煙葉，當時人以為味勝建煙。

西北如陝北，《延綏鎮志》："（煙草）其苗挺生如葵，其葉光澤，形如紅蓼，不相對，高數尺，三伏中開花，色黃，八月採，陰乾，用酒洗切成絲。而各省之有名者：崇德煙、黃縣煙、曲沃煙、美原煙，惟日本之倭絲為佳。"

《百草鏡》說："煙一名相思草……煙品之多，至今極盛。在內地則福建漳州有石馬煙……浙常山有面煙……江西有射洪煙……山東有濟寧煙……近日粵東有潮煙。"

俞正燮《癸巳存稿‧喫煙事述》提到蘭州有水煙。並說當時有些人見人不吃煙，笑話他是明朝人，其實根據史料，明末人是吃煙的。

清朝康熙帝也是反對抽煙的。

俞正燮引：康熙到德州，"傳旨：朕生平不好酒，亦能飲一斤，止是不用。最可惡是用煙，諸臣在圍場中終日侍，朕曾用煙否？每見諸臣私在巡撫帳房中喫煙，真可厭惡。況煙為最耗氣之物，不惟朕不用，列聖俱不用也。"

清宮制度，不禁煙，也不把煙列入茶酒一類，作為待客的物品，由此可見康熙帝之反對吃煙，是從衛生觀點出發，和清太宗的禁煙從經濟觀點出發，是有所不同的。

煙草作為藥用材料，朝鮮很注意，張璐《本經逢原》說："煙草之火，方書不錄，惟朝鮮誌見之。始自閩人吸以怯瘴，向後北人藉以避寒，今則遍行寰宇。"有人捲煙葉塞筆管中，可使筆不蛀。《醒世奇觀》以為煙油殺蛇，以注螞蝗，立僵。

清人入關後，如上所說，多爾袞酷嗜煙草，其他貴族大臣也有吃煙的習慣，漸漸地吃煙成為社會風氣了，甚至婦女也抽上了。董潮《東皋雜鈔》卷二："煙草本夷種，嗜之者始於明季。近日士大夫習以為常，大廷廣眾座中以此為待客之具，至閨閣亦然。"

以上說的都指的是抽旱煙水煙。至於紙煙，那是較後的事了，也希望有人能把紙煙的歷史談一談。我想，談一點對我們日常生活有關的一些事情，了解它的發生和發展，以至對人民生活、國家經濟的影響，也不是不值得的。

1959 年 10 月 20 日

原題《談煙草》，選自《燈下集》。

明代南洋華僑之移殖

　　成宣間（公元 1402 — 1435）努力向南洋發展之結果，第一為經濟上之收獲，用瓷漆絲茶諸貨物到南洋博易香料染料，以有易無，政府人民兩都得益。第二是政治上的成功，戰勝攻取，國威遠播，南洋諸國，稽首來庭，甘為臣屬。第三是文化的傳播，寶船迭出，信使往來，南洋諸國，因之深染華風。第四是華僑移殖之增加及勢力之發展，因航路之開闢，及航海術的進步，加以鄭和一行使人在南洋之成功，使中國僑民在南洋之地位陡然提高，在各方面都得便利，因之渡海博易及留居之人數頓增，以其靈敏耐勞的手腕，漸得當地人民之信仰，華僑遂取得南洋諸國經濟上領袖之地位，同時進而參與當地政治，有的作了當地的執政，有的甚至作了國王。

　　明人對於南洋通洋的見解，以為"舶之為利也，譬之礦然。封閉礦洞，驅斥礦徒，是為上策。度不能閉，則國收其利權而自操之，是為中策。不閉不收，利孔泄漏，以資奸萌，嘯聚其人，斯無策矣"[1]。以礦洞喻市舶司，礦徒喻海商。上策指洪武時代，中策指永樂至正德時代，無策指因倭寇而罷市舶之嘉靖時代。所謂"國收其利權而自操之"，指的是永宣時代的鄭和七下西洋。

　　明代政府對蕃貨的處置是用抽分的辦法，蕃貨有貢蕃和私商之別，凡貢蕃，"朝貢附至番貨欲與中國貿易者，實物六分，給價償之，仍免其稅"[2]。政府有權抽買全部貨物十分之六，為表示外交禮貌，特免其稅。舊例應入貢蕃先給以符簿。[3] 凡貢至，三司以合文視其表文方物無偽，乃送入京。若國王王妃陪臣等附至貨物，抽其十分之五，其餘官給之值。暹羅、爪哇二國免抽。[4] 其蕃商私資貨物入為易市者，"舟至水次，悉封籍之，抽其十二，乃聽貿易"[5]。永宣時代除市舶抽分以外，直接由國家派遣遠征艦隊去海外博易，輸出國貨，買進蕃貨，所得利益更大。宣德以後，寶船不出，諸蕃貢使來市。"椒木銅鼓，戒指寶石，溢於庫市。番貨甚賤，貧民承令博買，多致富。"[6]

市舶和國計民生的關係，嘉靖中都御史林富曾上疏陳論。他說：

> 中國之利，鹽鐵為大，有司取辦，仡仡終歲，僅充常額。一有水旱勸民納粟，猶懼不充。舊規至廣番舶，除貢物外，抽解私貨，俱有則例，足供御用，此其利之大者一也。番貨抽分，解京之外，悉充軍餉，今兩廣用兵連年，庫藏日耗，藉此足以充羨而備不虞，此其利之大者二也。廣西一省全仰給於廣東，今小有微發，即措辦不前，雖折俸椒木[7]，久已缺乏，科擾於民，計所不免。查得舊番舶通時，公私饒給，在庫番

貨，旬月可得銀兩數萬，此其為利之大者三也。
貨物舊例有司擇其良者如價給直，其次資民買
賣，故小民持一錢之貨，即得握椒，輾轉貿易，
可以自肥，廣東舊稱富庶，良以此耳，此其為利
之大者四也。助國給軍，既有賴焉，而在官在
民，又無不給，是因民之所利而利之者也，非所
謂開利孔而為民罪梯也。[8]

計利一御用，利二給軍，利三折俸，利四富民。在永
宣時代，又加上大規模的政府主持的海外博易，其收入之
浩大，當可推想而知。所以在鄭和七下西洋後四十年，又
有太監迎合憲宗（公元 1465 — 1487）的意思，到兵部查
索宣德時鄭和出使的水程，預備再作遠征海外的壯舉，終
為保守的言官所論諫而作罷論。[9]

在政治方面，南洋諸國經過鄭和幾次的卓越戰功，
和外交手腕的發揮，同時明成祖和宣宗六征蒙古，三定安
南，因威遠播，南洋諸國莫不來朝恐後，除循常例派使臣
進貢外，諸國王中有親自航海到京朝見，表示臣屬者。永
樂四年（公元 1406）拉布恩島（Labuan）島之中國河（Kina
Benua River）[10]，都是著例。

華僑之移殖亦如雨後春筍，突然增加。據《明史·婆
羅傳》：

萬曆時為王者閩人也。或言鄭和使婆羅，有閩人從之，因留居其地，其後人竟據其國而王之。

《蘇祿史》亦記十四世紀時有中國使臣黃森屏（Ong Sung ping）到淳泥，後任支那巴坦加總督。其女嫁文萊（Brunei）第二蘇丹阿合曼（Ahmed），凡二十餘傳以迄今。其王統由女系遞傳。阿合曼之女嫁愛麗（Sherip Ali），後繼王位，即今文萊王始祖也。[11] 鄭和部下留居南洋，確有史料可據。《明英宗實錄》記前隨鄭和下蕃之太監洪保所屬一船，由西洋發碇時船中凡三百人，後遭風漂泊，輾轉流徙，經十八年後，得回國者僅府軍衛卒趙旺等三人。[12] 其餘未能返國之二百餘人，當然留居各地，從事於蠻荒之開發。又如商人下蕃者亦往往留居，如蘇祿之留人為質，要約商舶再來。[13] 美洛居（Malacca）有香山，雨後香墮，沿流滿地，居民拾取不竭，其酋委積充棟，以待商舶之售。東洋不產丁香，獨此地有之，可以闢邪，故華人多市易。以此僑居者亦眾。萬曆時荷蘭人與葡萄牙人因爭美洛居構兵，華人流寓者，遊說兩國，令各罷兵。[14] 呂宋尤多華僑，以去漳州近，故賈舶多往，往往久住不歸，名為壓冬，聚居澗內為生活，漸至數萬，間有削髮長子孫者。[15] 華商久居南洋，佔有勢力。成化二十一年（公元1485）至今東莞商人張宣率官軍二千送占城王古來返國。[16] 有的做了當地的官吏或執政，如漳州人張姓之為淳泥那督

（Datn），那督華言尊官也。[17] 汀州人謝文彬之為暹羅岳坤，岳坤猶華言學士之類。[18] 饒州人朱復、南安人蔡璟之為琉球國相。[19] 諸國來朝之譯人及使臣亦多由華人充任，如萬安人蕭明舉之為滿剌加通事[20]，火者亞三之為葡萄牙人使者[21]，琉球使者則多為福建人[22]。

罪人及海盜以在國內不能立足，亦多避居南洋，如前文所引之梁道明、陳祖義、邱彥誠、施進卿父子諸人之雄長舊港，南海叛民何八觀等之屯聚島外。[23] 嘉靖末年，倭寇餘黨遁居吉蘭丹，生聚至二千餘人。[24] 廣東大盜張璉逃居舊港，列肆為蕃舶長，漳、泉人多附之。猶中國市舶官。[25] 林鳳（Limahong）、林道乾為官軍所敗，逃至海外，與西班牙爭奪菲律賓群島。[26] 這一些人在國內雖然是為非作惡，一到了南洋，卻便成為當地的英雄，受人崇拜。

從永宣時代積極經營南洋以後，南洋已成為中國之一部，無論在政治、經濟或文化方面，均為中國之附庸。南洋之開拓及開化完全屬於我國人努力之成績。假如宣德以後，政府能繼續經營，等不到歐洲人之東來，南洋諸國已成為中國版圖之南境，和其母國合為一大帝國。或許世界史要全部改寫了。可是宣德以後的歷朝政府，放棄了這責任，並且不願繼承前人的偉績，退嬰自守，聽其自然。這擔子便又重新放到無數千萬的無名英雄頭上，他們不但沒有國家的力量作後盾，並且冒着違犯國法的危險，憑着勇氣和求生的欲望，空拳赤手，乘風破浪，到海外去開闢他們的新世界新事業，憑着優秀民族的智慧去征服環境，作當地人的領導者。

正統（公元1436—1449）以後，政府對南洋取放任政策，結果在商業方面由政府獨佔而恢復到以前的私人經營，在政治方面南洋諸國也由向心力而轉變到離心力。八十年後，歐洲人為了找尋香料群島（Spice Islands，Malacca）陸續東來，他們不但擁有武力，並且有國家的力量作後盾，得步進步，不到幾十年便使南洋地圖全部變色，自然而然地替代了以前我國人的地位。華僑寄居外人籬下，備受虐待，眼看着自己耕耘的土地，都被後來人享用。我國政府不能過問。這是中國史上一個大轉變，也是世界史上的一個大關鍵。

選自《明史》（未完稿）第三章第四節。

註　釋

1　唐順之：《荊川集》外集，《條陳海防經略事疏》。

2　《明太祖實錄》洪武二年九月。

3　《大明會典》卷一〇八《朝貢通例》："凡勘合號簿，洪武十六年始給暹羅國，以後漸及諸國。每國勘合二百道，號簿四扇。如暹羅國暹字勘合一百道及羅字號底簿各一扇俱送內府。羅字勘合一百道及暹字號底簿一扇發本國收填。羅字號簿一扇發廣東布政司收比。餘國亦如之。每改元則更造換給。計有勘合國分，暹羅、日本、占城、爪哇、滿剌加、真臘、蘇祿國東王、蘇祿國西王、蘇祿國峒王、柯支、浡泥、錫蘭山、古里、蘇門答剌、古麻剌。"

4 《大明會典》卷一一一《給賜二·外夷上·貢物給價》：琉球國，"正貢外附來貨物，官抽五分，買五分"。暹羅國，"使臣人等進到貨物，例不抽分，給與價鈔"。爪哇國，"貢物給價"。浡泥國，"正貢外附帶貨物俱給價"。蘇門答剌國，"正貢外使臣人等自進物俱給價"。蘇祿國，"貨物例給價，免抽分"。西洋瑣里國，"永樂元年來朝，附載胡椒等物皆免稅"。滿剌加國，"正貢外，附來貨物皆給價，其餘貨物許令貿易"。榜葛剌國，"使臣人等自進物俱給價"。

5、6 顧炎武：《天下郡國利病書》卷一二〇，《海外諸番》。

7 明代廣州及東南沿海官吏，多以胡椒、蘇木折俸。見《天下郡國利病書》卷一二〇。

8 《殊域周咨錄》卷九，《佛郎機》。

9 參見《劉忠宣公（大夏）年譜》。《殊域周咨錄》卷八《古里》："成化間（《劉忠宜公〔大夏〕年譜》列此事於成化九年）有中貴迎合上意者，舉永樂故事以告，詔索鄭和出使水程（《劉忠宣公〔大夏〕年譜》作上命中官至兵部查宣德間王三保出使西洋水程）。兵部尚書項忠命吏入庫檢舊案不得，蓋先為車駕郎中劉大夏所匿。忠笞吏，復命入檢，終莫能得。大夏祕不言。會臺諫論止其事。忠詰吏謂庫中案卷寧能失去，大夏在旁對曰：'三保下西洋，費錢糧數十萬，軍民死且萬計。縱得奇寶而回，於國家何益。此特一敝政，大臣所當切諫者也。舊案雖存，亦當毀之以拔其根，尚何追究其有無哉！'"

10 參見溫雄飛：《南洋華僑通史》，64頁。

11 Baring Gould：《砂勞越史》。

12 參見《明英宗實錄》卷一六九。

13 參見《明史》卷三二五，《蘇祿傳》。

14 參見《明史》卷三二三，《美洛居傳》。

15 參見《東西洋考》卷五，《呂宋傳》。

16 參見《東西洋考》卷五，《占城傳》。

17 參見《明史》卷三二五，《浡泥傳》。

18 參見《殊域周咨錄》卷八，《逼羅傳》。

19 參見《明史》卷三二三，《琉球傳》。

20 參見《明史》卷三二五，《滿剌加傳》。

21 參見《明史》卷三二五，《佛郎機傳》。

22 參見《明史》卷三二五，《琉球傳》。

23 參見《東西洋考》卷二，《暹羅》。

24 參見《東西洋考》卷三，《大泥傳》。

25 日人藤田豐八以為即西班牙史家 Fr. Juan de la Concepcion 所記之 Jehang Si Lao，見《東洋學報》第八卷第一號《葡萄牙人之佔據澳門》文中。按《續文獻通考》記萬曆時有大盜林朝曦亦在三佛齊列肆為蕃舶長，如中國市舶官。

26 參見《明史》卷二二二《凌雲翼傳》，卷三二三《呂宋傳》；L. F. Fermandeg，*A Brief History of the Philippines*，pp.89—84；藤田豐八：《葡萄牙人之佔據澳門》，載《東洋學報》，第八卷第一號：張星烺：《菲律賓史上之李馬奔（Limahong）真人考》，載《燕京學報》，第八期；李長傅：《〈菲律賓史上之李馬奔真人考〉補遺》，載《燕京學報》，第九期；黎光明：《〈菲律賓史上之李馬奔真人考〉補正》，載《燕京學報》，第十期。

"社會賢達"考

　　"社會賢達"這一名詞是頗為有趣的，仔細想想，會使人好笑。因為，第一，似乎只有在社會上才有賢達，那麼，在政府裏的諸公算是什麼呢？第二，社會"賢達"如王雲五先生之流者居然做了官了，人不在社會而在政府，上面兩字安不上，下面"賢達"兩字是不是也跟着勾銷呢？如雖入政府而仍為"賢達"，何以並沒有創立"政府賢達"這一名詞呢？第三"社會"這一詞的定義，到底算是和政府的對稱呢？還是民間和政府的橋樑呢？如是前者，有幾位"賢達"身在江湖，心懸魏闕，和政府本是一家，強冠以"社會"之溢，未免牛頭不對馬嘴。如是後者，乾脆叫半官或次官好了，用不着扭捏作態，害得有幾位賢達在若干場合"猶抱琵琶半遮面"好不難為情也。

　　不管怎樣，這一名詞是已經成為歷史的了。有歷史癖的我，很想作一番歷史上"社會賢達"的考據，替許多未來的新貴找一歷史的淵源。

　　想了又想，歷史上實在沒有"社會賢達"這東西。勉強附會，以"賢達"而得官，或雖為"賢達"而畢生志業仍在做官，甚至鬧到喜極而涕，"廟堂初入淚交流"的境界，或則"頭在外面"，時蒙召宴垂詢之榮，生前可以登報，死後可以刻入墓誌銘者，比之於古，其惟"隱士"、

"山人"之流乎？

首先想起的是終南捷徑的故事。

《舊唐書》卷九十四《盧藏用傳》：

盧藏用字子潛，度支尚書承慶之侄孫也。父璥有名於時，官至魏州司馬。藏用少以辭學著稱，初舉進士選不調，乃著《芳草賦》以見意。尋隱居終南山（新書作與兄微明偕隱終南少室二山），學辟穀練氣之術。長安中（公元 701 至 705）徵拜左拾遺……景龍中（公元 707 至 709）為吏部侍郎。藏用性無挺特，多為權要所逼，頗墮公道。又遷黃門侍郎，兼昭文館學士，轉工部侍郎尚書右丞。先天中（公元 712）坐託附太平公主，配流嶺表（新書作附太平公主，主誅，玄宗欲捕斬藏用，顧未執政，意解，乃流新州）。開元初起為黔州都督府長史兼判都督事，未行而卒。（新書作卒於始興）……藏用工篆隸，好琴棋，當時稱為多能之士。（新書作藏用善著龜九宮術，工草隸大小篆八分，善琴，弈思精遠，士貴其多能）……然初隱居之時，有貞儉之操，往來於少室終南二山，時人稱為隨駕隱士。及登朝，趨趄詭佞，專事權貴，奢靡淫縱，以此獲譏於世。"（新書作："始隱山中時，有意當世，人目為隨駕隱士。晚乃拘權利，務為驕縱，素節盡矣。司馬承禎嘗召至闕下，將還山，藏用指終南日，此中大有嘉處。承禎徐日，以僕視之，仕宦之捷徑耳！藏用慚。」）

這故事是非常現實的。叔祖作過大官，父親也作地方小官，學會了詩詞歌賦，又會卜卦算命寫字，加上琴呀，棋呀，樣樣都會，夠得上是名士了。偏偏官星不耀，作不了官，於是寫一篇賦，自比為芳草，哀哀怨怨，搔首弄姿，怪沒有識貨的來抬舉。不料還是白操心，於是只好當隱士了。隱得太遠太深，怕又和朝堂脫了節，揀一個靠近長安的，「獨上高山望帝京」。再揀一個靠洛陽的，以便皇帝東幸時跟着走。「隨駕隱士」一詞實在妙不可言，其妙相當於現在的上海和廬山，兩頭總有一個着落。隱了幾年，跟了幾年，名氣有了，盛朝聖世是應該徵舉遺逸的，於是得了「社會賢達」之名而馳馬奔命，趕進京師「初入朝堂」了。

苦了幾年，望了幾年，不料還是小官，於是只好奔走權貴，使出滿身解數，巴上了太平公主，從此步步高升，要不是鬧政變，眼見指日拜相執政了。

臨備了，被司馬承禎這老頭開了一個玩笑，說終南山是仕宦捷徑。其實盧藏用也真不會在乎，他不為仕宦，又上終南山去則甚？編《舊唐書》的史官，也太過糊塗了，似乎他以為盧藏用在作"隨駕隱士"時頗有貞儉之操，到作了官才變壞，其實並不然。反之"趙趄詭佞，專事權貴，奢靡淫縱"，才是他的本性。在山中的"貞儉"是無可奈何的，試問在山中他不貞儉，能囤積松木、泉水不成？而且，如不貞儉，又如何能得社會賢達之名，鑽得進朝堂去？

從這一歷史故事看，"社會賢達"一詞和"終南捷徑"正是半斤八兩，銖兩悉稱。

盧藏用這一着靈了，到宋朝种放也照樣來一套。

《宋史》卷四五七《种放傳》：

> 种放字明逸，河南洛陽人也……每往來嵩華間，慨然有山林意……與母俱隱終南豹林谷之東明峰，結草為廬，僅庇風雨。以講習為業，從學者眾，得束脩以養母。母亦樂道，薄滋味……糧糗乏絕，止食芋栗……自豹林抵州郭七十里，徒步與樵人往返。

可見他原來是窮苦人家。可是到了隱居成名，又作大官，又兼隱士的差的時候，便完全不同了。

> 太宗嘉其節，詔京兆賜以緡錢，使養母不奪其志，有司歲時存問。咸平元年（公元998）母卒……詔賜錢三萬，帛三十四，米三十斛以助其

喪。四年……賫裝錢（旅費）五萬……賜帛百匹，錢十萬……賜昭慶坊第一區，加帷帳什物，銀器五百兩，錢三十萬。

還山後仍特給月俸。錢多了，立刻成大地主，《宋史》說他：

> 晚節頗飾輿服，於長安廣置良田，歲利甚博。亦有強市者，遂致爭訟。門人族屬，依倚恣橫……徙居嵩山……猶往來終南，按視田畝，每行必給驛乘，在道或親詬驛吏，規算糧具之直。

簡直是個土豪劣紳了。

种放之移居嵩山，是被當地地方官王嗣宗趕走的。《宋史》卷二百八十七《王嗣宗傳》：

> （嗣宗）知永興軍府（長安）……時种放得告歸山，嗣宗逆於傳舍，禮之甚厚。放既醉，稍倨。嗣宗怒，以語譏放。放曰："君以手搏得狀元耳，何足道也！"初嗣宗就試講武殿，搏趙昌言帽擢首科，故放及之。嗣宗愧恨，因上疏言："所部兼併之家，侵漁眾民，凌暴孤寡，凡十餘族，而放為之首。放弟俋無賴，據林麓樵採，周迴二百餘里，奪編氓厚利。願以臣疏下放。賜放終南田百畝，徙放嵩山。"疏辭極於詬辱，至目放為魑魅。真宗方厚待放，令徙居嵩陽避之。

嗣宗極為高興，把他生平所作的事 —— 掘邠州狐穴，發鎮州邊肅姦贓，和徙种放為除三害。

种放比盧藏用高明的地方，是又作大官，又保留隱士的身份。他的老朋友陳堯叟在朝執政，陳家是大族，腳力硬，想作官時求陳堯叟向皇帝說一聲，來一套徵召大典，風風光光去作官。過一陣子又說不願作官了，還是回山當隱士。於是皇帝又大擺送行宴，送盤纏服裝。到山後，地方官還奉命按時請安，威風之至。再過一陣子，官癮又發了，又回朝，隔一晌又還山。反正照樣拿薪水，並不折本。而且，還山一次再回朝，官就高一次，又何樂而不為！湊上宋真宗也是喜歡這一套，弄個把隱士來點綴盛世。一唱一和，大家都當戲作，這中間只害了老實人王嗣宗，白發一頓脾氣。

從這一歷史故實看，作官和作隱士並不衝突，而且相得益彰。當今的社會賢達，已經上了戲臺的和正在打算上戲臺彩排的，何妨熟讀此傳，隔天下臺了，還可以死抱住"社會賢達"的本錢不放，哇拉拉大喊，一為社會賢達，生死以之，海可枯，石可爛，此名不可改。

原載北京地下刊物《社會賢達考》專號，1917 年 6 月 12 日；收入《史事與人物》。

論奴才 —— 石敬瑭父子

奴才之種類甚多。就歷史上已有的材料而論，大體上可以分作兩大類。一類是形逼勢緊，國破家亡，身為囚虜，到了這步田地，不肯做也得做，做了滿心委屈，涕淚交流，有奴才的形式而未曾具備或者養成奴才的心理的。這一類例子，如南宋亡國，太皇太后謝道清領着小孫子，寡婦孤兒，敵人兵臨城下，軍隊垮臺了，大臣跑了，大勢已去，沒奈何只得向元將伯顏遞降表，一家兒被押送到北方，朝見忽必烈大汗。也幸虧是寡婦孤兒，免去了告廟獻俘那一套。可是，如詞人汪元量《水雲詞》所說"臣妾簽名謝道清"，這滋味也就夠了。又如西晉末的懷、愍二帝，北宋末的徽、欽二帝，這兩對歷史人物，真是無獨有偶。都作過皇帝，相同一也；都亡國被俘，相同二也；被俘後都被逼向新主人青衣行酒（穿上奴才的服裝，伏侍主子喝酒），相同三也；而且新主子都是被髮左衽的外族（即外國人），相同四也；而且，都有看了受不了，跳起來把外國人罵一頓，因而被殺的忠臣，不肯作外國奴才的隨從，相同五也。讀史的人總是悲天憫人，同情弱者、失敗者的，雖然自有其該被詛咒被清算的道理在，不過軟心腸的人，讀了這些翔實刻畫的記載，還免不了一把眼淚一把鼻涕，沖淡了亡國君主的罪惡，替他們想想，倒也上算。

另一種則是很不好聽的了。一心想作主子，奴役眾多的人民，而又先天不足，後天失調，作事不得人心，奪取或者維持政權的武力又不大夠，於是只好撣撣土，打點青衣，硬跪在外國人面前，寫下甘結，賣身為奴。偏偏外國人有的是俘虜，願作奴才可作奴才的甚多，一兩打也不在乎。於是，只好更進一步，硬裝年輕，拜在腳轉彎下，作乾兒子，作乾孫子，具備了豐富了奴才的全部的一切的心理形態，求得番兵番械，殺向本國，當然還得有番顧問番將軍指揮提攜，圓滿合作，完成了統一大業，坐上金鑾寶殿。對內是大皇帝，對外呢，當然是兒皇帝、孫皇帝了。這一類的例子也有的是，著例是晉高祖石敬瑭父子。

當然，那時代的世界不很大，契丹、女真之外，實在也找不出別的列強。要不然，價錢講不好的時候，多少也還可以撒一下嬌，由馮道一流人物，用委婉的口氣，訴說假如再不支持我，那麼，我只好重新考慮什麼什麼之類的話。不幸而歷史事實確是如上所說，無從考慮起，真也是無可奈何的事。

石敬瑭的臉譜是值得描畫一下的，《舊五代史》七十五《晉高祖紀》說：

> 清泰三年（公元 936，晉天福元年）五月，（後唐末帝）移授（敬瑭）鄆州節度使（敬瑭原為太原節度使，駐晉陽）……降詔促帝（敬瑭）赴

任……（敬瑭）遂拒末帝之命……尋命桑維翰詣諸道求援，契丹遣人覆書諾之約以中秋赴義……九月辛丑，契丹主率眾自雁門而南，旌旗不絕五十里餘……是夜帝出北門見契丹主，契丹主執敬瑭手曰"恨會面之晚"。因論父子之義……

十一月戎王會帝於營，謂帝曰："我三千里赴義，事須必成，觀爾體貌恢廓，識量深遠，真國主也。天命有屬，時不可失，欲徇蕃漢群議，冊爾為天子。"帝飾讓久之。既而諸軍勸請相繼，戎王乃命築壇於晉陽城南，冊帝為大晉皇帝。（《遼史·太宗紀》：十一年冬十月甲子，封敬瑭為晉王，十一月丁酉冊敬瑭為大晉皇帝。薛史及《通鑒》、歐陽史俱不載先封晉王事）

文曰："維天顯九年歲次丙申十一月丙戌朔十二日丁酉，大契丹皇帝若曰……咨爾子晉王神鍾睿哲，天贊英雄……爾惟近戚，實係本枝，所以予視爾若子，爾待予猶父也……是用命爾當踐皇極，仍以爾自茲并土，首建義旗，宜以國號曰晉。朕永與為父子之邦，保山河之誓。"

石敬瑭生於唐景福元年二月二十八日，景福元年為公元 892 年，到清泰三年是四十五歲。他的"乾爸爸"遼太宗耶律德光呢，生於唐天復二年，公元 902 年，到清泰三年是三十五歲，整整比他的兒皇帝小十歲。父親三十五，兒子四十五，無以名之，學現代名詞，稱之為政治父子吧！

乾爸爸支持乾兒子作皇帝，君臨中國人民的代價："是日，帝言於戎王，願以雁門已北及幽州之地為戎王壽，仍約歲輸帛三十萬，戎王許之。"也就是歷史上著稱的燕雲十六州，包括現在以北平和大同為中心東至榆關北迄內蒙的一片廣大地區，更主要的是長城原為中國國防險要，這片地一割，契丹軍力駐在長城以南，北宋建國，北邊就無險可守了。遼亡，這片地歸金，金亡歸元，一直要到 1368年，明太祖北伐，才算重歸故國，統計起來，淪陷了差不多四百三十二年！

（閏十一月）戎王舉酒謂帝曰："予遠來赴義，大事已成，皇帝須赴京都。今令大相溫勒兵相送至河梁，要過河者任意多少，予亦且在此州，俟京洛平定，便當北轅。"執手相泣，久不能別。脫白貂裘以衣帝，贈細馬二十四，戰馬一千二百四，仍誡曰："子子孫孫，各無相忘。"

由這一史料說明，敬瑭入京都主要的軍力是契丹軍，也就是援晉軍，契丹資助物資最主要的是戰馬。至於執手相泣，有人說是矯情，其實並不見得。何以知之？因為一個是平白作了中國皇帝的父親，喜歡得掉眼淚；另一個呢，憑着乾爸爸平步登天作皇帝，"廟堂初入"，皇基大奠，又怎能不感激涕零呢！

作了七年兒皇帝，石敬瑭死時年五十一歲。

編歷史的人——史臣對石敬瑭是不同情的，舊史不同情他召外援，殘中國，說："然而圖事之初，召戎為援，獫狁自茲而孔熾，黔黎由是以罹殃。迨至嗣君，兵連禍結，卒使都城失守，舉族為俘，亦猶決鯨海以救焚，何逃沒溺，飲鴆漿而止渴，終取喪亡。謀之不臧，何至於是！"

其實，作人家的乾兒子，奴顏婢膝稱臣納貢，到底也不是什麼痛快事。表面上石敬瑭恭恭敬敬侍候恩人大契丹皇帝，到清夜捫心，良心發作時，也還是不快活的。《舊五代史》八十九《桑維翰傳》說："高祖召使人於內寢，傳密旨於維翰曰：'朕比以北面事之，煩憊不快。'"可是自作自受，無法翻悔，也不敢翻悔。到了下一代，受不了這口氣，就不能不變卦了。

敬瑭死，姪子重貴即位，稱為少帝。景延廣當國執政。《舊五代史》八十八《景延廣傳》：

> 朝廷遣使告哀契丹，無表。致書去臣稱孫。契丹怒，遣使來讓。延廣乃奏令契丹回國使喬榮告戎王曰："先帝則北朝所立，今上則中國自策，為鄰為孫則可，無臣之理。"且言："晉朝有十萬口橫磨劍，翁若要戰則早來，他日不禁孫子，則取笑天

下，當成後悔矣。"由是與契丹立敵，干戈日尋。

原來少帝和景延廣的看法，稱臣和稱孫是有區別的，當乾孫子是自家人稱謂，恥辱只是石氏一家的事。稱臣則是整個晉國，包括大臣和人民在內的恥辱，就不免於國體有關了。

晉遼戰爭的結果，開運三年（公元 946）十二月晉軍敗降，契丹軍入大梁。少帝奉降表於戎王道：

> （孫臣某言：）擅繼宗祧，既非稟命，輕發文字，輒敢抗尊，自啟釁端，果貽赫怒，禍至神惑，運盡天亡……臣負義包羞，貪生忍恥，自貽顛覆，上累祖宗，偷度朝昏，苟存視息。翁皇帝若惠顧疇昔，稍霽雷霆，未賜靈誅，不絕先祀，則百口荷更生之德，一門銜無報之恩，雖所願焉，非敢望也。

皇太后也上降表，署名是晉室皇太后媳婦李氏妾言，謝罪求生，大意相同。次年正月辛卯，契丹封少帝為負義侯，黃龍府安置，其地在渤海國界。十八年後，宋太祖乾德二年（公元 964）少帝死於建州。史臣說他："委託非人，坐受平陽之辱，旅行萬里，身老窮荒，自古亡國之醜者，無如帝之甚也，千載之後，其如恥何。傷哉！"算算年頭看，今年是 1947 年，剛好是一千年！

細讀五代史，原來養乾兒子，拜乾爸爸是這個時代的風氣，尤其是蕃人，當時的外國人。薛居正《舊五代史·晉高祖紀》還替晉高祖說謊，說是什麼本太原人，衞大夫石碏漢丞相奮之後，一連串鬼話。歐陽修《新五代史》便無需迴護了，老實說："高祖聖文章武明德孝皇帝，其父臬捩雞，本出於西夷，自朱邪歸唐，從朱邪入居陰山⋯⋯臬捩雞生敬瑭，其姓石氏，不知得其姓之始也。"朱邪是沙陀族，石家是沙陀世將，那麼，石敬瑭自願作契丹主的乾兒子，石重貴願作乾孫子而不願稱臣的道理，也就可以明白了。

　　隔了一千年，讀石敬瑭的記載，似乎還聽得見看得見石敬瑭的面貌聲音，石敬瑭左右的談話和聲明，援助，救濟，軍火，物資，哀求聲，恫嚇聲，撒嬌聲，歷歷如繪。

公孫器之

原載《論南北朝》，1947 年 6 月 28 日。收入《史事與人物》。

糊塗和卑鄙

這個有趣的談話，談的人是子思和衛侯，地點在衛國的都城，時間是紀元前 377 年。

有一天，衛侯出了一個不合式的主意，話猶未了，左右群臣齊聲稱頌，說了一大堆恭維話。

子思說："看樣子，衛國真合着老話：'作主子的不像主子，臣下的不像臣下！'滿不是那回事！"

有人聽了就反駁："你說得太過火了！"

子思說："你不明白這個道理，大凡一個作主子的自以為了不得，人家就不敢替他出好主意。即使作對了，自吹自擂一陣，也要不得，何況作錯了，還受人亂恭維！看不清事情的是非，一味喜歡恭維附和是糊塗，認不明道理的所在，只是阿諛巴結是卑鄙。在上的糊塗，在下的卑鄙，這樣的政府是不會得民心的，長此不改，必然亡國。"

子思想了又想，忍不住，直對衛侯說："你的國家有危險了！"

衛侯問："為什麼？"

子思老實不客氣，說出一番話："道理很明白，你說出話自以為是，群臣左右沒有人敢說錯，文武大臣也自以為是，老百姓沒人敢說錯，你們都自以為是不錯，底下人又恭維你們不錯，說好捧場，順而有福，喝倒彩，逆而有禍，如此這般，怎樣能做出好事？做不出好事的政府，怎麼不危險！"

衞侯聽了大不高興。

過了幾天，子思只好悽悽惶惶，捲起鋪蓋，離開了衞國。

選自《歷史的鏡子‧附錄二舊史新談》。

官僚政治的故事兩則

（一）航海攻心戰術

明崇禎十五年（公元 1642）九月，李自成決黃河，灌開封，十月，大敗明督師孫傳庭於郟縣、南陽。十一月，清軍分道入侵，連破薊州、真定、河間、臨清、兗州，北京震動。

兵科給事中曾應遴上條陳，提出航海攻心戰術。大意是由政府造戰船三千艘，載精兵六萬，從登萊渡海，直入三韓，攻後金國腹心。這樣一來，清軍非退不可。崇禎帝大為嘉許，以為真是妙算，可以剋敵制勝，手令"該部議奏"。

造船是工部的職掌，作戰歸兵部管。工部署印侍郎陳必謙覆奏：照老規矩，和作戰有關的工程，由兵、工二部分任，請特敕兵部分造戰船一千五百艘。

內閣票擬（簽呈），奉旨"工程由兵、工二部分任，即日興工"。

造船要一筆大款子，工部分文無有，估價工料銀是六百萬兩。於是上奏："因內戰交通斷絕，地方款項不能解京。本部庫藏空空，無可指撥。只有開封、歸德等府積欠臣部料價銀五百多萬兩，可以移作造船之用。"

這時候，開封被水淹沒，歸德等府為農民起義軍佔領。內閣奉旨："著工部勒限起解，造船攻心，以救內地之急。"

兵部尚書張國維也說："部庫如洗，只有鳳陽等府積欠臣部馬價銀四百餘萬兩，足現在正額，不必另行設法。應速催解部，以應造船之用。"

事實上，鳳陽一帶經幾次戰爭破壞，加上蝗災、旱災，已經上十年沒有人煙了。

內閣票擬，奉旨："下部勒限起解，以應部用。"

這是閏十月中旬的事，正當嘉許、撥款、勒限，以及"興工"的時候，清軍又已攻破東昌、兗州了。

工部想想不妙，到頭來還是脫不了干係，又提出具體建議，說是："戰船經費，雖已有整個計畫。但是如今京師戒嚴，九門緊閉。工匠絕跡，無從興工。原有都水司主事奉派到淮安船廠打造糟船，彼處物料現成，工匠眾多，不如就令帶造戰船，剋日可成，庶不誤東征大事。"

內閣又票擬，奉旨依議，特給勒諭，以專責成。

這時候已經十二月初旬了。

船廠主事沒有拿到一文錢，要造三千條戰船，自然辦不了。又上條陳說："造船攻心，大臣妙算，事關國家大計，當然擁護。不過臣衙門所造的是內河運糧之船，並非破浪出海之船。運船、海船，構造不同，形式不同，材料不同，帆桅不同，索纜器物不同，操駕水手不同，當然，建造的工匠也不同。如隨便敷衍承造，一旦誤事，負不起責任。要造海船，要到福建、廣東去造，材料、工匠都合式，不如特敕閩廣撫臣，勒限完工，就於彼處招募水手，由海道乘風北上，直抵旅順口上岸，奮武以震刷皇威，快睹中興盛事。此係因地因材，事有必然，並非推諉。"

公文上去了，到第二年二月中旬，內閣票擬，奉旨："下部移咨福廣，敕限造船，以紓京畿倒懸之急。"由都察院移咨閩廣撫臣照辦，是二月底的事。

五月，清軍凱旋，京師解嚴。

九月，兩廣總督沈猶龍、福建巡撫張肯堂會銜奉報，第一段極口稱頌閣臣的妙算，聖主的神威。第二段說臣等已經召集工人，預備木料，擁護國策，以成陛下中興盛業。第三段順筆一轉，說是不過如今北方安定，而閩廣民窮財盡，與其勞民傷財，造而不用，不如暫時停工。

內閣票擬，奉旨下部："是！"

於是這件糾纏了一年，費了多少筆墨的航海攻心戰術的公案就此結束。所謂官僚政治，有三個字可以形容之：一騙，二推，三拖。

曾應遴要憑空建立一個六萬人的海軍，一無錢，二無兵，三無計劃，更談不到組織、訓練、武器、服裝、給養、運輸、指揮這一些大問題。信口胡柴，提出口頭建議，這是騙。

崇禎帝何嘗不明白這道理，只是明白了又怎麼樣呢？

當時無處借款，也無人助戰，無友邦支持，一切都無，總得要表示一下呀，於是手令"該部議奏飛"，也是騙。

工部說這工程該和兵部分任，這是推。

閣臣簽呈，由兵、工兩部分任，一個錢不給，叫人從紙上空出一隊海軍，這是騙。

工部說錢是有的，在沉淪的開封，和淪陷的歸德。兵部說我也有錢，在十年無人煙的淮西，這又是騙。

建議，再建議，簽呈又簽呈，一上一下個把月，這是拖。

騙而下不了場，又一轉而推，工部把這差使推給船廠主事，船廠主事推給閩廣撫臣，又是奏本、票擬，從北京到淮安，淮安到北京，又從北京到閩廣，閩廣到北京，（中間還有從閩到廣，從廣到閩，會銜這一段公文旅行）來來去去，去去來來，半年過去了，從推又發生拖的作用，推和拖本質上又都是騙。

最後，清兵撤退了，皆大歡喜，內閣以一"是"字了此公案。

大事化為小事，小事化為無事。

從騙到推，到拖，而無。這故事是中國官僚政治的一個典型例子。

也有人說，過去中國的政治，是無為政治，那麼，就算這故事是一個無為政治的故事吧。[1]

（二）碰頭和御前會議

清末大學士瞿鴻禨的爆直、遇恩，《聖德紀略》和金梁（息侯）的《四朝見聞》、《光宣小紀》兩書，有許多地方可以互相印證。

在瞿中堂的書裏，所見到的滿紙都是碰頭，見皇上碰頭，見太后碰頭，上朝碰頭，索荷包碰頭，賜宴碰頭再碰頭。碰頭大概和請安不同，據金息侯的記載，請安是雙膝跪在地下，兩手垂直的，而碰頭則除此以外，似乎還得彎腰把額角碰在地面上吧。《漢書》上鄧通見丞相申屠嘉首出血不解，大概是清人所謂碰響頭，碰得額角墳起，以至出血。古書上所謂"泥首"，大概也是以首及泥的意思。不過，雖然碰頭於古有據，而碰頭之多，之數，之津津樂道，滿紙都是，則未可以為淵源於古，只能說是清代的特色。

清人作官的祕訣，相傳有六個字："多碰頭，少說話。"

年老的官僚多半要作一個護膝，即在膝蓋上特別加上一塊棉質的附屬品，以為長跪時保護膝蓋之用。

左宗棠有一次在頤和園行禮，跪久了，腰酸向前伏了一會，立時被彈劾，以為失儀。

軍機大臣朝見兩宮議事，一順溜跪在拜墊上，有幾個便殿，地方窄擠成一團，名位低的軍機跪得比較遠，什麼也聽不見，議是談不上的。

照例，一大堆文件，皇太后翻過了，出去上朝，在接見第一批臣僚的短短時間內，軍機大臣幾人匆匆翻了一下，到召見時，有的事接頭，大部分都莫名其妙。兩個坐着，一群人跪着，首班脆近，還摸着一點說什麼，其餘的便有點不知所云了。往往弄得所答非所問，丈二和尚摸不着頭腦。說了一陣子，國家大事小事便算定局。

王大臣會議也是這個作風，小官說不了話，大臣不敢說話，領班的親王不知道說什麼話，討論談不上，爭辯更不會有。多半是親王說如此如此，大家點頭，散會。以後再由屬員擬稿，分送各大臣簽署奏報。

金息侯歎氣說："這真是兒戲！"其實兒戲又何可厚非，小孩子到底天真，這批老官僚的天真在哪裏？道道地地的官僚作風而已，兒戲云乎哉！（本節僅憑記憶）

原載《中國建設》第 7 卷第 1 期，1948 年 10 月 1 日，原題《官僚政治的故事》。

註　釋

1　參看戴笠、吳殳：《懷陵流寇始終錄》卷十五，《和看花行者的談往》。

致楊志冰（1931 年 × 月 8 日）

志冰吾師道鑒：

　　前上數書及相片、匯款、《禮俗》想已陸續收到矣。春曦報考輔仁大學附中已錄取，生今日偕其往輔仁辦理一切手續，俱已完竣，月末即可入學，請勿置念。

　　生本屆報考北大、清華二校，一擯一取，係 7 月 13 日至 15 北大考試，項目為黨義、英、國、數、中外史地、博物等門，餘項均佳，唯數學已拋荒久，致考零分，以是遂致被擯。清華自 16 考至 22 日，考生 1780 人，史學系二年僅取 5 人，考目為黨、國、英、中史、西史、倫理六門，幸終場於 8 日放榜錄取，入學證亦已正式送來矣。

　　於此生遂處於極端為難進退狼狽之地位。蓋生初願在考入北大後覓一相當位置月約六七十元者，以供二人學業。此事已有成議，故敢飛函令曦來平。今忽此棄彼取，在學校地位上清華固屬首屈一指，弟於生則多不合，蓋因在清大校內謀事極為不易，即謀得亦屬箋箋稿費，又不能有固定收入，如在城兼事固無不可，弟往返車資每次需一元之譜，益以膳宿，收入恐更不易維持。現雖由顧、胡（胡現住秦皇島避暑，二十後始返）諸人沒法並允為籌一長計，唯能謀成否尚不可料，即成恐亦不能適如。生所預算，蓋生二人年費至少需 600 餘元也。

清大在生意中恰如"食之無味，棄之可惜"之喻，猶記月前往適之師時，渠時適知生窘狀，曾詢生以需錢用否。如欲錢用，彼言時即手取錢袋欲以相授，生當時謝絕。其他如頡剛、以中諸師俱曾諷以彼等願相資助之好意，生亦一一婉言謝絕。蓋受人借予則可受人贈給，則絕對不可，胡、頡雖皆道義之交，但屬師長。然生寧甘失學決不願妄受人一錢，墮我氣節也。且諸師予我以精神上之鼓勵者已極多，庸可再受其物質上之施予乎？

以上所陳不過為"贈"與"借"之概別，與生對於二事之態度。處此情勢下欲罷不可，欲進不能，雖籌畫有人而自身則不能不預籌長計以備萬一。生現擬借重吾師與則人父子一商其計劃如下：

生在清大尚須 3 年，曦弟則大學畢業尚須 6 年，在此起始 3 年中每年二人平均費用共約 660 元之譜，3 年須洋 2000 元。現生自計每年有準定收入者可 300 餘元，如此則年欠約 330 元，3 年約須 1000 元，以生現在大學未畢業時所工作之報酬月得 50 元計（如肯離平在廣西七中當史學主任，月薪 240 元，已謝絕），則畢業後月薪至少當得百元，以月餘 70 元計，則此千元之債款年餘即可清償。凡此皆就現在事實論，非括之空言也。生現擬託師向則人父子閱說以年 330 元相假，款分二期 —— 春、秋 —— 或四期寄來均可。利息則生屬門外漢，則人父子如能體貼輕借固佳，否則即與普通一律相差無幾。還款期定 3 年後之起始，二年內按期本利清還。借款人由生自行出面，擔保以生之名譽及家中相等或全部不動產均可。蓋以老父半生精力均已耗之，生兄弟身上際此時期雅不願其再向人喋喋陳言，受人輕誚也。此情此心，吾師當能見諒。

上策在則人父子方面款分 6 次或 12 次出借，事屬易行；在生方面款於借滿二年內償還亦屬輕而易舉，則人與生相知有素，渠令尊亦與生家嚴感情不惡，又事屬求學非浪費或鑽營可比，故以敢託之。吾師未知能慨諾否？

又，上述不遏現時，防將來萬一之計劃，究竟清華方面有若干成就，此時尚未可卜，即所事不成或少有所成亦只此半年為難關，至明春及明秋則有若許日之籌畫，前途斷之不成問題。故此計劃所着重此只為第一年第二三年，或無須。此率不堪入目，前此諉為事忙，今則諉為信多，雖屬實情，然平日太少練習及懶習未除，要亦不可盡責為忙月多也。憫甚甚，草此達情，候覆示，專此。謹請
鐸安！

生吳晗上
八日晚十時

原載《吳晗自傳書信文集》，北京，中國人事出版社，1993。

附：方帽易戴，飯碗難找

碗鑄黃金何處求，似從海市望蜃樓。
書生只道謀生易，畢業方知失業愁。
搶飯偏偏逢捷足，求人處處觸霉頭。
四年吃罷平安飯，怕聽雙親問報酬。

原載《清華周刊》第 35 卷第 7 期，1931。

死亡隨行

明初的恐怖大屠殺

洪武二十八年（公元 1395）正式頒佈《皇明祖訓》。這一年，朱元璋已經是六十八歲的衰翁了。

在這一年之前，桀驁不馴的元功宿將殺光了，主意多端的文臣殺絕了，不順眼的地主巨室殺得差不多了，連光會掉書袋子搬弄文字的文人也大殺特殺，殺得無人敢說話，甚至出一口大氣了。殺，殺，殺！殺了一輩子兩手都塗滿了鮮血的白頭劊子手，躊躇滿志，以為從此可以高枕無憂，皇基永固，子子孫孫吃碗現成飯，不必再操心了。這年五月，特別下一道手令說："朕自起兵至今四十餘年，親理天下庶務，人情善惡真偽，無不涉歷，其中姦頑刁詐之徒，情犯深重，灼然無疑者，特令法外加刑，意在使人知所警懼，不敢輕易犯法。然此特權時處置，頓挫姦頑，非守成之君所用常法。以後嗣君統理天下，止守律與大誥，並不許用黥刺剕劓閹割之刑⋯⋯臣下敢有奏用此刑者，文武群臣即時劾奏，處以重刑。"[1]

其實明初的酷刑，黥刺剕劓閹割還算是平常的，最慘的是凌遲，凡是凌遲處死的罪人，照例要殺三千三百五十七刀，每十刀一歇一吆喝，慢慢地折磨，硬要被殺的人受長時間的痛苦。[2]其次有刷洗，把犯人光身子放在鐵床上，澆開水，用鐵刷刷去皮肉。有梟令，用鐵鉤鉤住脊骨，橫掛在竿上。有稱竿，犯人縛在竿上，另一頭掛石頭對稱。有抽腸，也是掛在竿上，用鐵鉤鉤入穀門把腸子鉤出。有剝皮，貪官污吏的皮放在衙門公座上，讓新官看了發抖。此外，還有挑膝蓋、錫蛇遊種種名目。³也有同一罪犯，加以墨面文身，挑筋去膝蓋剁指，並具五刑的。⁴據說在上朝時，老皇帝的脾氣好壞很容易看出來，要是這一天他的玉帶高高的貼在胸前，大概脾氣好，殺人不會多。要是撤玉帶到肚皮底下，便是暴風雨來了，滿朝廷的官員都嚇得臉無人色，個個發抖，準有大批人應這劫數。⁵這些朝官，照規矩每天得上朝，天不亮起身梳洗穿戴，在出門以前，和妻子訣別，吩咐後事，要是居然活着回家，便大小互相慶賀，算是又多活一天了。⁶

四十年中，據朱元璋自己的著作，《大誥》、《大誥續編》、《大誥三編》，和《大誥武臣》的統計，所列凌遲梟示種誅有幾千案，棄市（殺頭）以下有一萬多案。《三編》所定算是最寬容的了。"進士監生三百六十四人，愈見姦貪，終不從命三犯四犯而至殺身者三人，二犯而誹謗殺身者又三人，姑容戴罪在職者三十人，一犯戴罪者三百二十八人。"⁷有御史戴死罪，戴着腳鐐，坐堂審案的，有捱了八十棍回衙門作官的。其中最大的案件有胡惟庸案、藍玉案、空印案和郭桓案，前兩案株連被殺的有四萬人，後兩案合計有七八萬人。⁸所殺的人，從開國元勳到列儒裨將，從部院大臣、諸司官吏到州縣胥役、進士監生、經生儒士、富人地主、僧道屠沽，以至親侄兒、親外甥，無人不殺，無人不可殺，一個個的殺，一家家的殺，有罪的殺，無罪的也殺，"大戮官民不分臧否"[9]。早在洪武七年，便有人向他控訴，說是殺得太多了，"才能之士，數年來倖存者，百無一二"[10]。到洪武九年，單是官吏犯笞以上罪，謫戍到鳳陽屯田的便有一萬多人。[11]十八年九月在給蕭安石

子孫符上也自己承認："朕自即位以來，法古命官，列佈華夷，豈期擢用之時，並效忠貞，任用既久，俱係姦貪？朕乃明以憲章，而刑責有不可恕。以至內外官僚，守職惟艱，善能終是者寡，身家誅戮者多。"[12]郭桓案發後，他又說："其貪婪之徒，聞桓之姦，如水之趨下。半年間弊若蜂起，殺身亡家者人不計其數。出五刑以治之，挑筋剁指刖足髡髮文身，罪之甚者歟？"[13]

政權的維持建立在流血屠殺、酷刑暴行的基礎上，這個時代，這種政治，確確實實是名副其實的恐怖政治。

胡惟庸案發於洪武十三年，藍玉案發於洪武二十六年，前後相隔十四年，主犯雖然是兩個，其實是一個案子。

胡惟庸是初起兵佔領和州時的帥府舊僚，和李善長同鄉，又結了親，因李善長的舉薦，逐漸發達，洪武三年拜中書省參知政事，六年七月拜右丞相。

中書省綜掌全國大政，及相對一切庶務都有專決的權力，統帥百官，只對皇帝負責。這制度對一個平庸的、唯

唯否否、阿附取容"三旨相公"型的人物，或者對於是一個只願嬉遊逸樂、不理國事的皇帝，也許不會引起嚴重的衝突。或者一個性情謙和容忍，一個剛決果斷，柔剛互濟倒也不致壞事，但是胡惟庸幹練有為，有魄力，有野心，在中書省年代久了，大權在手，威福隨心，兼之十年宰相，門下故舊僚友也隱隱結成一個龐大的力量，這個力量是靠胡惟庸作核心的。拿慣了權的人，怎麼也不肯放下。朱元璋呢，赤手空拳建立的基業，苦戰了幾十年，拚上命得到的大權，平白被人分去了一大半，真是倒持太阿，授人以柄，想想又怎麼能甘心！困難的是皇帝和丞相的職權，從來不曾有過清楚的界限，理論上丞相是輔佐皇帝治理天下的，相權是皇權的代表，兩者是二而一的，不應該有衝突。事實上假如一切庶政都由丞相處分，皇帝沒事做，只能簽字畫可，高拱無為。反之，如皇帝躬親庶務，大小事情一概過問，那麼，這個宰相除了伴食畫諾以外，又有什麼可做？這兩個人性格相同，都剛愎，都固執，都喜歡獨裁，好攬權，誰都不肯相讓，許多年的爭執、摩擦，相權和皇權相對立。最後，衝突表面化了。朱元璋有軍隊，有特務，失敗的當然是文官。在胡惟庸以前，第一任丞相李善長小心怕事，徐達經常統兵在外，和朱元璋的衝突還不太明顯嚴重，（劉基自己知道性子太剛，一定合作不了，堅決不幹）接着是汪廣洋，碰了幾次大釘子，末了還是賜死。中書官有權的如楊憲，也是被殺的。胡惟庸是任期最長，衝突最厲害的一個。被殺後，索性取消中書省，由皇帝兼行相權，皇權和相權合而為一。洪武二十八年手令：“自古三公論道，六卿分職，自秦始置丞相，不旋踵而亡，漢、唐、宋因之，雖有賢相，然其間所用者多有小人，專權亂政。我朝罷相，設五府、六部、都察院、通政司、大理寺等衙門，分理天下庶務，彼此頡頏，不敢相壓，事皆朝廷總之，所以穩當。以後嗣君並不許立丞相，臣下敢有奏請設立者，文武群臣即時劾奏，處以重刑。”[14]這裏所說的“事皆朝廷總之”的朝廷，指的便是他自己。胡惟庸被殺在政治制度史上的意義，是治權的變質，也就是從官僚和皇家共治的階段，轉變為官僚成奴才，皇帝獨裁的階段。

胡惟庸之死只是這件大屠殺案的一個引子，公佈的罪狀是擅權枉法。以後朱元璋要殺不順眼的文武臣僚，便拿胡案作底子，隨時加進新罪狀，把它放大、發展，一放為私通日本，再放為私通蒙古，日本和蒙古，“南倭北虜”是當時兩大敵人，通敵當然是謀反。三放又發展為串通李善長謀逆，最後成為藍玉謀逆案。罪狀愈多，牽連的罪人也更多，由甲連到乙，乙攀到丙，轉彎抹角像瓜蔓一樣四處伸出去，一網打盡，名為株連。被殺的都以家族作單位，殺一人也就是殺一家。坐胡案死的著名人物有御史大夫陳寧，中丞涂節，太師韓國公李善長，延安侯唐勝宗，吉安侯陸仲亨，平涼侯費聚，南雄侯趙庸，滎陽侯鄭遇春，宜春侯黃彬，河南侯陸聚，宣德侯金朝興，靖寧侯葉昇，申國公鄧鎮，濟寧侯顧敬，臨江侯陳鏞，營陽侯楊通，淮安侯華中和高級軍官毛驤、季伯昇、丁玉，和宋濂的孫子宋慎。宋濂也被牽連，貶死茂州。坐藍黨死的除大將涼國公藍玉以外，有吏部尚書詹徽、侍郎傅友文、開國公常昇、景川侯曹震、鶴慶侯張翼、舳艫侯朱壽、東莞伯何榮、普定侯陳桓、宣寧侯曹泰、會寧侯張溫、懷遠侯曹興、西涼侯濮璵、東平侯韓勳、全寧侯孫恪、瀋陽侯察罕、徽先伯桑敬和都督黃輅、湯泉等。胡案有《昭示姦黨錄》，藍案有《逆臣錄》，把口供和判案都詳細記錄公佈。讓全國人都知道這些“姦黨”的“罪狀”。[15] 被殺公侯中，東莞伯何榮是何真的兒子，何真死於洪武二十一年，被帳下舊校捏告生前黨胡惟庸，勒索兩千兩銀子，何家子弟到御前分析，朱元璋大怒說：“我的法，這廝把作買賣！”把舊校綁來處死。到二十三年何榮弟崇祖回廣東時：“兄把袂連聲：弟弟，今居官禍福頃刻，汝歸難料再會日。到家達知伯叔兄弟，勿犯違法事，保護祖宗，是所願望！”

可是，逃過了胡黨，還是逃不過藍黨，何家是嶺南大族，何真在元明之際保障過一方秩序，威望極高，如何放得過？據何崇祖自述：

洪武二十六年，族誅涼國公藍玉，扳指公侯文武家名藍黨，無有分別，自京及天下，赤族不知幾萬戶。長兄四兄弟宏維暨老幼咸喪……（三月二十日）夜雞鳴時，家人彭康壽叩門，吾床中聞知禍事，出問故，云："昨晚申時，內官數員帶官軍到衞，城門皆閉。是晚有公差出城，私言今夜抄提員頭山何族，因此奔回。"……軍來甚眾，吾忙呼妻封氏各自逃生。

崇祖一房從此山居島宿，潛形匿跡，一直三十一年新帝登極大赦，才敢回家安居。[16]

李善長死時已經七十七歲了，帥府元僚，開國首相，替主子辦了三十九年事，兒子做駙馬，本身封國公，富極貴極，到末了卻落得全家誅戮。一年後，有人替他上疏喊冤說：

善長與陛下同心，出萬死以取天下，勳臣第一，生封公，死封王，男尚公主，親戚拜官，人臣之分極矣。藉令欲自圖不軌，尚未可知。而今謂其欲佐胡惟庸者，則大謬不然。人情愛其子，必甚於兄弟之子（善長弟存義子佑是胡惟庸的從女婿），安享萬全之富貴者，必不僥倖萬一之富貴。善長與惟庸，猶子之親耳，於陛下則親子女也。使善長佐惟庸成，不過勳臣第一而已矣，太師國公封王而已矣，尚主納妃而已矣，寧復有加

於今日？且善長豈不知天下之不可倖取。當元之
季，欲為此者何限，莫不身為齏粉，覆宗絕祀，
能保首領者幾何人哉！善長胡乃身見之，而以衰
倦之年身蹈之也？凡為此者，必有深仇激變，大
不得已，父子之間，或至相挾以求脫禍。今善長
之子祺，備陛下骨肉親，無纖芥嫌，何苦而忽為
此？若謂天象告變，大臣當災，殺之以應天象，
則尤不可。臣恐天下聞之，謂功如善長且如此，
四方因之解體也。今善長已死！言之無益，所願
陛下作戒將來耳。

說得句句有理，字字有理，朱元璋無話可駁，也就算了。[17]

二案以外，開國功臣被殺的，還有謀殺小明王的兇手
德慶侯廖永忠，洪武八年以僭用龍鳳不法等事賜死。永嘉
侯朱亮祖父子於十三年被鞭死。臨川侯胡美於十七年犯禁
伏誅。江夏侯周德興於二十五年以帷薄不修，曖昧的罪狀
被殺。二十七年，殺定遠侯王弼、永平侯謝成、潁國公傅
友德，二十八年殺宋國公馮勝。周德興是朱元璋兒時放牛
的伙伴，傅友德、馮勝功最高，突然被殺，根本不說有什
麼罪過，正合着古人說的“飛鳥盡，良弓藏；狡兔死，走
狗烹”的話。[18]

不但列將以次誅夷，甚至替他堅守南昌七十五日，力
拒陳友諒，造成鄱陽湖大捷，奠定王業的功臣，義子親姪

朱文正也以“親近儒生，胸懷怨望”被鞭死。[19] 義子親甥李文忠，十幾歲便在軍中南征北伐，立下大功，也因為左右多儒生，禮賢下士，有政治野心被毒死。[20] 劉基是幕府智囊，運謀決策，不止有定天下的大功，並且是奠定帝國規模的主要人物，因為主意多，看得準，看得遠，被猜忌最深，洪武元年便被休致回家[21]，又怕隔得太遠會出事，硬拉回南京，終於被毒死。[22] 徐達為開國功臣第一，小心謹慎，也逃不過。洪武十八年病了，生背疽，據說這病最忌吃蒸鵝，病重時皇帝卻特賜蒸鵝，沒法辦，流着眼淚當着使臣的面吃，不多日就死了。[23] 這兩個元功的特別被注意，被防閑，滿朝文武全知道，給事中陳汶輝曾經上疏公開指出：“今勳舊耆德，咸思辭祿去位……如劉基、徐達之見猜，李善長、周德興之被謗，視蕭何、韓信其危疑相去幾何哉！”[24]

武臣之外，文官被殺的也着實不少。有記載可考的有宋思顏、夏煜、高見賢、凌說、孔克仁，這幾人都是初起事時的幕府僚屬，宋思顏在幕府裏的地位僅次於李善長。夏煜是詩人，和高見賢、楊憲、凌說一伙，專替朱元璋“伺察搏擊”，盡鷹犬的任務，告密栽贓，什麼事全幹，到末了也被人告密，先後送了命。[25] 朝官中有禮部侍郎朱同、張衡，戶部尚書趙勉，吏部尚書余熂，工部尚書薛祥、秦逵，刑部尚書李質、開濟，戶部尚書茹太素，春官王本，祭酒許存仁，左都御史楊靖，大理寺卿李仕魯，少卿陳汝輝，御史王朴、紀善、白信蹈等。[26] 外官有蘇州知府魏觀，濟寧知府方克勤，番禺知縣道同，訓導葉伯巨，晉王府左相陶凱等。[27] 茹太素是個剛性人，愛說老實話，幾次為了話不投機被廷杖，降官，甚至鐐足治事，一天，在便殿賜宴，朱元璋賜詩，說："金杯同汝飲，白刃不相饒。"太素磕了頭，續韻吟道："丹誠圖報國，不避聖心焦！"元璋聽了倒也很感動。不多時還是被殺。李仕魯是朱熹學派的學者，勸皇帝不要太尊崇和尚道士，想學韓文公闢佛，來發揚朱學。料想着朱熹和皇帝是本家，這著棋準下得不錯，不料皇帝竟不賣朱夫子的賬，全不理會，仕魯急了，鬧起迂脾氣，當面交還朝笏，要告休回家。元璋大怒，叫武士把他攆死在階下。陶凱是御用文人，一時詔令封冊歌頌碑誌多出其手，作過禮部尚書，制定軍禮和科舉制度，只為了起一個別號叫"耐久道人"，犯了忌諱被殺。員外郎張來碩諫止取已許配的少女作宮人，說"於理未當"，被碎肉而死，參議李飲冰被割乳而死。[28] 葉伯巨在洪武九年以星變上書，論用刑太苛說：

　　臣又觀歷代開國之君，未有不以任德結民心，以任刑失民心者。國祚長短，悉由於此。

　　……議者曰，宋、元中葉，專事姑息，賞罰無章，以致亡滅。主上痛懲其弊，故制不宥之刑，權神變之法，使人知懼而莫測其端也。臣又以為不然。開基之主，垂範百世，一動一靜，必使子孫有所持守，況刑者，民之司命，可不慎歟！

夫笞、杖、徒、流、死，今之五刑也。用此五刑，既無假貸，一出乎大公至正可也。而用刑之際，多裁自聖衷，遂使治獄之吏，務趨求意旨，深刻者多功，平反者得罪，欲求治獄之平，豈易得哉！

近者特旨，雜犯死罪，免死充軍，又刪定舊律諸則，減宥宥差矣。然未聞有戒敕治獄者，務從平恕之條，是以法司猶循故例，雖聞寬宥之名，未見寬宥之實。所謂實者，誠在主上，不在臣下也。故必有罪疑惟輕之意，而後好生之德洽於民心，此非可以淺淺期也。

何以明其然也？古之為士者以登仕為榮，以罷職為辱，今之為士者以瀾跡無聞為福，以受玷不錄為幸，以屯田工役為必獲之罪，以鞭笞捶楚為尋常之辱。

其始也，朝廷取天下之士，網羅捃摭，務無餘逸，有司敦迫上道，如捕重囚，比到京師，而除官多以貌選，所學或非其所用，所用或非其所學。洎乎居官，一有差跌，苟免誅戮，則必在屯田工役之科，率是為常，不少顧惜。此豈陛下所樂為哉！誠欲人之懼而不敢犯也。

竊見數年以來，誅殺亦可謂不少矣，而犯者相踵，良由激勸不明，善惡無別，議賢議能之法既廢，人不自勵而為善者怠也。有人於此，廉如夷、齊，智如良、平，少戾於法，上將錄長棄短而用之乎？將捨其所長苛其所短而置之法乎？苟取其長而捨其短，則中庸之材爭自奮於廉智；倘苛其短而棄其長，則為善之人皆曰某廉若是，某智若是，朝廷不少貸之，吾屬何所容其身乎？致使朝不謀夕，棄其廉恥，或事掊克，以備屯田工役之資者，率皆是也。若是非用刑之煩者乎！

漢嘗徙大族於山陵矣，未聞實之以罪人也，今鳳陽皇陵所在，龍興之地，而率以罪人居之，怨嗟愁苦之聲，充斥園邑，殆非所以恭承宗廟意也。

朱元璋看了氣極，連聲音都發抖了，連聲說這小子敢如此！快逮來！我要親手射死他。隔了些日子，中書省官趁他高興的時候，奏請把葉伯巨下刑部獄，不久死在獄中。[29]

照規定，每年各布政使司和府州縣都得派上計吏到戶部，核算錢糧軍需等賬目，數目瑣碎畸零，必需府合省，省合部，一層層上去，一直到部裏審核報銷，才算手續完備。錢穀數字有分毫升合不符合，整個報銷冊便被駁回，得重新填造。布政使司離京師的遠六七千里，近的也是三四千里，冊子重造不打緊，要有衙門的印才算合法，為了蓋這顆印，來回時間就得一年半載。為了免得部裏挑剔，減除來回奔走的麻煩，上計吏照例都帶有預先備好的空印文書，遇有部駁，隨時填用。到洪武十五年，朱元璋忽然發覺這事，以為一定有弊病，大發雷霆，下令地方各衙門的長官主印者一律處死，佐貳官杖一百充軍邊地。其實上計吏所預備的空印文是騎縫印，不能作為別用，也不一定用得着，全國各衙門都明白這道理，連戶部官員也是照例默認的，算是一條不成文法律。可是案發後，朝廷上誰也不敢說明詳情，有一個不怕死的老百姓，拚着命上書把這事解釋明白，也不中用，還是把地方長吏一殺而空。當時最有名的好官濟寧知府方克務（建文朝大臣方孝孺的父親）也死在這案內。上書人也被罰充軍。[30]

郭桓是戶部侍郎，洪武十八年，有人告發北平二司官吏和郭桓通同舞弊，從六部左右侍郎以下都處死刑，追贓七百萬，供詞牽連到各直省官吏，死的又是幾萬人。追贓又牽連到全國各地，中產之家差不多全被這案子搞得傾家蕩產，財破人亡。這案子激動了整個社會，也太傷了中產階級和中下級官僚的心，大家都指斥攻擊告發此案的御史和審判官，議論沸騰，情勢嚴重，朱元璋一看不對，趕緊下手詔條列郭桓等罪狀說是：

戶部官郭桓等收受浙西秋糧，合上倉肆百伍拾萬石，其郭桓等止收陸拾萬石上倉，鈔捌拾萬錠入庫，以當時折算，可抵貳百萬石，餘有壹百玖拾萬未曾上倉。其桓等受要浙西等府鈔伍拾萬貫，致使府州縣官黃文等通同刁頑人吏沈原等作弊，各分入己。

其所盜倉糧，以軍衛言之，三年所積賣空。前者榜上若欲盡寫，恐民不信，但略寫七百萬耳。若將其餘倉分併十二布政司通同盜賣見在倉糧，及接受浙西四府鈔五十萬張賣米一百九十萬不上倉，通算諸色課程魚鹽等項，及通同承運庫官范朝宗偷盜金銀，廣惠庫富張裕妄支鈔六百萬張，除盜庫見在寶鈔金銀不算外，其賣在倉稅糧及未上倉該收稅糧及魚鹽諸色等項課程，共折米算，所廢者二千四百餘萬（石）精糧。

其應天等五府州縣數十萬沒官田地夏秋稅糧，官吏張欽等通同作弊，並無一粒上倉，與同戶部官郭桓等盡行分受。

意思是追贓七百萬還是聖恩寬容，認真算起來該有二千四百萬。這幾萬人死得決不委屈。話雖如此說，到底覺得有些不妥，只好藉審刑官的頭來平眾怒，把原審官殺了一批，再三申說，求人民的諒解。[31] 一年後，他又特別指出："自開國以來，惟兩浙、江西、兩廣、福建所設有司官，未嘗任滿一人，往往未及終考，自不免乎贓貪。"[32] 可見殺這些貪官污吏是不錯的，是千該萬該的。不過，倒過來說，殺了二十年的貪官污吏，而貪官污吏還是那麼多，沿海比較富饒區域的地方官，二十年來甚至沒有一個能夠作滿任期，都在中途犯了贓貪得罪，由此可見專制獨裁的統治，官僚政治和貪污根本分不開，單用嚴刑重罰，恐怖屠殺去根絕貪污，是不可能有什麼效果的。

在鞭笞、苦工、剝皮、抽筋，以至抄家滅族的威脅空氣中，凡是作官的，不論大官小官，近臣遠官，隨時隨地都會有不測之禍，人人在提心吊膽，戰戰兢兢過日子。這日子過得太緊張了，太可怕了，有的人實在受不了，只好辭官，回家當老百姓，不料又犯了皇帝的忌諱，說是不肯幫朝廷作事："姦貪無福小人，故行誹謗，皆說朝廷官難做。"[33] 大不敬，非殺不可。沒有作過官的儒士，怕極了，躲在鄉間不敢出來應考作官，他又下令地方官用種種方法逼他們出來，"有司敦迫上道，如捕重囚"。還立下一條法令，說是："率土之濱，莫非王臣……寰中士夫不為君用，是外其教者，誅其身而沒其家，不為之過。"[34] 貴溪儒士夏伯啟叔侄各剝去左手大指，立誓不作官，被拿赴京師面審，元璋氣呼呼發問："昔世亂居何處？"回說："紅寇亂時，避兵於福建、江西兩界間。"不料紅寇這名詞正刺着皇帝的痛處：

> 朕知伯啟心懷忿怒，將以為朕取天下非其道
> 也。特謂伯啟曰……爾伯啟言紅寇亂時，意有他
> 念……今去指不為朕用……宜梟令籍沒其家，以
> 絕狂夫愚夫倣效之風。

特派法司押回原籍處決。[35] 蘇州人才姚潤、王談被徵不肯作官，也都被處死，全家籍沒。[36]

洪武朝朝臣倖免於屠殺的，只有幾個例子：

一個是大將信國公湯和，原是朱元璋同村子人，一塊兒長大的看牛伙伴，比元璋大三歲，起兵以後，諸將地位和元璋不相上下的，都鬧彆扭，不聽使喚，只有湯和規規矩矩，小心聽話，服從命令。到晚年，徐達、李文忠死已多年，湯和宿將功高，明白老伙伴脾氣，心裏老大不願意，讓諸大將仍舊掌兵權，苦的是嘴裏說不出。他首先告老交出兵權，元璋大喜，立刻派官給他在鳳陽蓋府第，賞賜稠渥，特別優厚，算是僥倖老死在床上。[37]

一個是外戚郭德成，郭寧妃的哥哥，一天他陪朱元璋在後苑喝酒，醉了爬在地上去冠磕頭謝恩，露出稀稀的幾根頭髮，元璋笑着說："醉風漢，頭髮禿到這樣，可不是酒喝多了。"德成仰頭說："這幾根還嫌多呢，剃光了才痛快。"元璋不作聲。德成酒醒，才知道闖了大禍，怕得要死，只好索性裝瘋，剃光了頭，穿了和尚衣，成天念佛。元璋信以為真，告訴寧妃說："原以為你哥哥說笑話，如今

真個如此，真是瘋漢。”不再在意，黨案起後，德成居然漏網。[38]

一個是御史袁凱，有一次朱元璋要殺許多人，叫袁凱把案卷送給皇太子覆訊，皇太子主張從寬。袁凱回報，元璋問：“我要殺人皇太子卻要寬減，你看誰對？”袁凱不好說話，只好回答：“陛下要殺是守法，東宮要赦免是慈心。”元璋大怒，以為袁凱兩頭討好，腳踏兩頭船，老滑頭，要不得。袁凱大懼，假裝瘋癲，元璋說瘋子不怕痛，叫人拿木鑽來刺他的皮膚，袁凱咬緊牙關，忍住不喊痛。回家後，自己拿鐵鏈鎖住脖子，蓬頭垢面，滿口瘋話，元璋還是不放心，派使者去召他作官，袁凱瞪眼對使者唱《月兒高》曲，爬在籬笆邊吃狗矢，使者回報果然瘋了，才不追究。這一次朱元璋卻受了騙，原來袁預先叫人用炒麵拌砂糖，捏成段段，散在籬笆下，爬着吃了，救了一條命，朱元璋哪裏會知道？[39]

吳人嚴德珉由御史升左僉都御史，因病辭官，犯了忌諱，被黥面充軍南丹（今廣西），遇赦放還，布衣徒步作老百姓，誰也不知道他曾作過官。到宣德時還很健朗，一天因事被御史所逮，跪在堂下，供說也曾在臺勾當公事，頗曉三尺法度。御史問是何官，回說洪武中臺長嚴德珉便是老夫。御史大驚謝罪，第二天去拜訪，卻早已挑着鋪蓋走了。有一個教授和他喝酒，見他臉上刺字，頭戴破帽，問老人家犯什麼罪過，德珉說了詳情，並說先時國法極嚴，作官的多半保不住腦袋。說時還北面拱手，嘴裏連說："聖恩！聖恩！"[40]

元璋有一天出去私訪，到一破寺，裏邊沒有一個人，牆上畫一布袋和尚，有詩一首："大千世界浩茫茫，收拾都將一袋藏，畢竟有收還有散，放寬些子又何妨。"墨跡還新鮮，是剛畫剛寫的，趕緊使人去搜索，已經不見了。[41]這故事不一定是真實的，不過，所代表的當時人的情緒卻是真實的。

原載《中建》半月刊華北航空版第 2 期，總第 3 卷第 5 期，1948 年 8 月 5 日；原題《明初的恐怖政治》。

註　釋

1　《明太祖實錄》卷二百三十九。

2　鄧之誠：《骨董續記》卷二十，磔條，引《張文寧年譜》；計六奇：《明季北略》，記鄭鄤事。

3　呂毖：《明朝小史》卷一，《國初重刑》。

4　《大誥》，姦吏建言第三十三，刑餘攢典盜糧第六十九；《續誥》，相驗囚屍不實第四十二；《三編》，逃囚第十六。

5　徐禎卿：《翦勝野聞》。

6　趙翼：《廿二史箚記》卷三十二，《明祖晚年去嚴刑條》，引《草木子》。

7　《明史》卷九十四，《刑法志》；《大誥三編》，進士監生不悛第二。

8　《明史》卷九十四，《刑法志》。

9　《明史》卷一三九，《周敬心傳》："洪武二十五年上疏極諫：洪武四年錄天下官吏，十三年連坐胡黨，十九年逮官吏積年為民害者，二十三年罪妄言者，大戮官民不分臧否。"

10　《明史》卷一三九，《茹太素傳》。

11　《明史》卷一三九，《韓宜可傳》。

12　《明朝小史》卷二。

13　《大誥三編》，逃囚第十六。

14　《明太祖實錄》卷二三九。

15　參看錢謙益：《太祖實錄辨證》；潘檉章：《辯史考異》；吳晗：《胡惟庸黨案考》，載《燕京學報》十五期。

16　何崇祖：《廬江郡何氏家記》（《玄覽堂叢書續集》本）。

17　《明史》卷一百二十七，《李善長傳》。

18　王世貞：《史乘考誤》；錢謙益：《太祖實錄辨證》；潘檉章：《國史考異》。

19　劉辰：《國初事跡》；孫宜：《洞庭集》，《大明初略》三；王世貞：《史乘考誤》卷一。

20　王世貞：《史乘考誤》卷一；錢謙益：《太祖實錄辨證》卷五；潘檉章：《國史考異》卷二。

21 劉辰：《國初事跡》。

22 《明史》卷三〇八，《胡惟庸傳》；卷一二八《劉基傳》；劉璟：《遇恩錄》。

23 徐禎卿：《翦勝野聞》。

24 《明史》卷一三八，《李仕魯傳》附《陳汶輝傳》。

25 《明史》卷一三五，《宋思顏傳》。

26 《明史》卷一三六《朱升傳》，卷一三七《劉三吾傳》、《宋訥傳》、《安然傳》，卷一三八《陳修傳》、《周禎傳》、《楊靖傳》、《薛祥傳》，卷一三九《茹太素傳》、《李仕魯傳》、《周敬心傳》。

27 《明史》卷一四〇，《魏觀傳》；卷二八一，《方克勤傳》，卷一四〇，《道同傳》；卷一三九，《葉伯巨傳》；卷一三六，《陶凱傳》。

28 劉辰：《國初事跡》。

29 《明史》卷一百三十九，《葉伯巨傳》。

30 《明史》卷九十四，《刑法志》；卷一百三十九，《鄭士利傳》。

31 《明史》卷九十四，《刑法志》；《大誥》，賣放浙西秋糧第二十三，郭桓造罪第四十九，五府州免糧第十二。

32 《大誥續篇》，松江逸民為害第二。

33 《大誥》，姦貪誹謗第六十四。

34 《大誥三編》，蘇州人材第十三。

35 《大誥三編》，秀才剁指第十；《明史》卷九十四，《刑法志》。

36 《大誥三編》，蘇州人才第十三；《明史》卷九十四，《刑法志》。

37 《明史》卷一百二十六，《湯和傳》。

38 《明史》卷一三一，《郭興傳》。

39 《明史》卷二百八十三，《袁凱傳》；徐禎卿：《翦勝野聞》；陸深：《金臺紀聞》。

40 《明史》卷一三八，《周禎傳》。

41 徐禎卿：《翦勝野聞》。

朱元璋晚年的悲哀

　　朱元璋的智力極高，長於計謀，看得遠，見得大處，當機立斷，更善接受好建議，不自以為是。統一以後，和群臣有一番檢討的話，說是："我生在天下大亂的年頭，被迫投軍，原不過是為了活命。到渡江以後，看這一群擁兵割據，稱王稱帝的，打家劫舍，全不成材料。內中張士誠、陳友諒最強大，士誠地方富庶，友諒軍力強大，我沒有別的可誇，只靠不亂殺百姓，說話算話，刻苦作事，和大家同心一力，掙出這個基業。開頭夾在吳漢兩大之間，士誠尤其逼近，有人主張先向東吳進攻，我的看法是友諒志驕，士誠器小，志驕的好生事，要爭取主動，器小的沒長遠打算，總是被動，所以決定先攻友諒。鄱陽湖這一場決戰，士誠果然不能出姑蘇一步，和友諒呼應。假使當時先攻士誠，浙西堅守待援，友諒一定空國而來，我便被迫兩線作戰，腹背受敵了。兩個都吃掉以後，舉兵北伐，而所以先取山東，次下河洛，止住潼關西進之師，不急攻秦隴，是什麼道理呢？因為擴廓帖木兒、李思齊、張思道都是百戰之餘，決不肯輕易服輸，而且，大兵西攻，正好促成他們聯合，團結抵抗，一時也佔不了便宜；不如出其不意，直取大都，根本既除，然後西進，張李望絕勢窮，不戰而剋。可是，擴廓還是力戰到底，費了多少事。假定不取北平，就和關中軍決戰，又是兩線作戰形勢，勝負就很難說了。"儘量避免兩線作戰，機動地爭取主動，敏捷地運用對方弱點，轉變形勢，集中兵力使敵人處在被動地位，知己知彼，在戰略上是完全成功的。[1]

在另一場合，他又申說："元朝末年，人君安逸不管事，臣下跋扈不聽命，胡亂花錢，想盡主意剝削，水旱災荒，年年都有，鬧得天怒人怨，到處反叛，群雄角逐，割據地方。我沒有辦法，為了自救，才參加紅軍；到了兵強地廣，才東征西討，削除群雄，開拓土地；這時候，中國已非元朝所有了。元朝皇帝如能小心不偷懶，不專講享受，臣下盡心作事，不貪污，不爭權奪利，怎麼會引起這次大革命？又怎麼會造成割據分裂的局面？由此看來，我取天下於群雄之手，非於元朝之手，是很明白的。"[2]

以後，洪武四年滅夏，十四年定雲南，二十年取遼東，事前都由他自己決定戰略，制敵決勝，事後的綏靖建置，也完全用手令指示。諸將不過奉行命令，完成任務而已。

大大小小的事務，一定親自辦理，天不亮就起床辦公，一直到深夜，沒有休息，也沒有假期，更談不到調劑精神的娛樂。因為照習慣，一切事務處理，臣僚建議，都用書面的奏章，成天成年看奏章，有時也難免感覺厭倦，尤其是賣弄學問經濟，冗長不中肯的報告。洪武八年，刑部主事茹太素上萬言書申說事務，元璋懶得看，叫中書郎王敏朗誦，讀到"才能之士，數年來倖存者百無一二，今所任率迂儒俗吏"發了脾氣，把太素找來大罵，打了一頓。第二天晚上，又叫宮人讀了一遍，仔細想想，也還有點道理，建議的有四款着實可以照辦，不由得歎一口氣說："作皇帝難，作臣子也不容易啊！我要聽老實話，要聽切實情事的，文詞太多，摸不清要點所在，太素所說的要點，有五百字也夠說清楚，搞了這一大堆，何苦來？"上朝時，面諭中書，特定奏對式，不許繁文亂聽，從此讀奏章省了不少精力。[3] 到廢中書省以後，六部府院直接對皇帝負責，政務越發繁忙。據洪武十七年九月間的統計，從十四日到二十一日，八天內，內外諸司奏劄凡一千六百六十件，計三千三百九十一事[4]，平均每天要看或聽兩百多件報告，要處理四百多件事。既然精力過人，拚着命幹，到底是上了年紀的人，有點覺得吃力了。

他是赤手空拳起家的，除自身而外，三個哥哥和幾個堂房兄弟，都在壬辰那年死去，父系親屬只有親侄文正一人，真是"門單戶薄"。母族絕後，妻族也死絕了。到文正被殺後，諸子幼弱，基業還未穩定，孤零零一個人，高高在上，找遍周圍，沒有一個人可以寄託心腹的，得撐持着，時刻警戒着，提心吊膽，不讓別人暗算。正如駛着獨木船，水把獨木船沖得團團轉，幾十年到不了岸，看着水是敵人，礁石是敵人，連天空飛的烏鴉也是敵人，誰都要害他，都在譏笑他，諷刺他。後得了大權，作了皇帝之後，害了高度的緊張病，猜疑病，恐懼病。

早年過的是衣食不足的窮苦生活，中年在軍隊裏，在兵火喧天、白刃相接的緊張生活中，抓住了權力，四十歲以後，把全副精力放在處理事務，防備假想敵人上。體力消耗之外，加上無量數妃妾的宮廷生活，加上對人對事的極度不安，精神永遠集中在怎樣保持那份大家當的問題上。他有心跳的病症，宋濂以為應該清心寡欲。[5] 時發高熱病，作怪夢，幻想在夢中看到天上神仙宮闕[6]；平時喜怒不常，暴怒到失常態。[7] 性格變得更加殘酷、橫暴，尋求刺激，要發洩，為一句話、一個字就打人、殺人，應用許多種離奇的刑罰來折磨人，屠殺人。他害的是一種虐待狂的病症，用別人的痛苦來減輕自己的恐懼。

　　可驚的是雖然精神失常，智力卻並不減退。大兒子朱標忠厚仁慈，有點像漢惠帝，接受了當時最好的教育。老皇帝過了五十歲生日之後，精力有點不濟事了，讓大兒子來幫忙，裁決普通政務，一來是分勞，二來也是訓練這下一代皇帝辦事的能力，指望太子是漢文帝，不是漢惠帝。可惜父子倆性格正好相反，也和他的同鄉皇帝父子一樣，一個嚴酷，一個寬大，父子間有時也不免鬧衝突。[8] 老皇帝眼見得一代不如一代，只好歎一口氣，悶在心裏，索性自己動手，大興黨獄，殺盡了所有不順眼的文武官員，斬除荊棘，鋪平道路，好讓兒子作現成皇帝。

　　好容易皇太子的學業和政治訓練都夠滿意了，元璋以為付託得人，這份產業牢靠穩當，放得下心了，卻又發生意外，太子於洪武二十五年（公元 1392）病死。六十五歲的老皇帝受了這致命的打擊，糊塗了大半天說不出話，身體一天天軟弱下去，頭髮鬍子全變白了。

太子死後，立太子嫡子允炆為皇太孫，才十六歲。

皇太孫的性格極像他的父親，年紀又小，沒經過訓練，祖父雖然也讓跟着辦事，終是替他發愁，怕挑不下這副擔子，諸將大臣將來會不服調度。只好又動辣手，藉題目大批殺人，殺得將帥一空，連傅友德、馮勝那樣僅存的開國元勳，說不出一絲道理，也順手殺了。想着小孫子再不會有人來作難，作祖父的算是用盡了心血了。

他的政治能力，部分從實際經驗得來，部分從歷史教訓。他以為皇位繼承是維持帝國和平最重要的制度，必須有一個規定的嚴密的法則，才不會引起宗族間的糾紛、政變。最好的辦法是宗法制度下的嫡長承襲。在皇太子正位後，為了要使諸王安分，保護扶持中朝，洪武五年命群臣採漢唐以來藩王善惡可為勸戒的，編作一書，名為《昭鑒錄》，頒賜諸王。皇太孫正位以後，用同樣的意思編了一書，叫做《永鑒錄》。二十八年又頒佈《皇明祖訓》條章，把一切作皇帝，作藩王，和臣下所應遵守的，不該做的事，都詳細記載，並定制後代有人要更改祖訓的，以奸臣論，殺無赦。希望用教育，用制度，使各藩王忠心服從這未來的小皇帝，朱家的族長。[9]

可惜這一番心思都白用了，第二子秦王，第三子晉王雄武有野心，見太子仁懦，都不肯安分，先後被發覺，要治重罪，太子盡力解救，才得無事。太子死後，二十八年秦王死，三十一年晉王死，都死在老皇帝之前，算是沒有鬧出大花樣。費盡了心機，父子兄弟間還不免鉤心鬥角，時刻提防着，這對於老皇帝自然也是精神上的打擊。

猜疑病、迫害狂，愈來愈重，身體愈衰弱，精神愈不安定，脾氣更壞。體力精神交互影響，到洪武二十一年（公元 1398）已經七十一歲了，五月間病倒，不能動彈，躺了三十一天，告別所手創的帝國，離開繼承人和笑容滿面的臣民，結束了一生恩怨，安靜地死去。

劊子手死後還殺了一批人，侍寢的宮人一律殉葬，家屬由政府養活，叫做朝天女戶。[10]

葬在南京城外的孝陵，諡曰高皇帝，廟號太祖。永樂元年（公元 1403）諡神聖文武欽明啟運俊德成功統天大孝高皇帝。嘉靖十七年（公元 1538）增諡開天行道肇紀立極大聖至神仁文義武俊德成功高皇帝。

遺囑裏有一段話："朕膺天命三十一年，憂危積心，日勤不怠。""憂危積心"四字，說出了這位皇帝一生在恐懼猜疑中過日子，"日勤不怠"說出如何用全副心力來保持這份大家當。[11]

太孫即位後不久，燕王棣果然起兵造反，援引《祖訓》，以靖難為名。建文四年（公元 1402）篡位自立，是為明成祖。離老皇帝之死還不到五年。

元璋的相貌不很體面,晚年尤其難看,一臉兇相。曾找了許多畫工,畫像十分逼真,總不洽意。後來有一個聰明人畫的像,輪廓有點像,卻一臉和氣,充滿了慈祥的樣子,這才對了竅,傳寫了多少本,分賜給諸王。[12] 這兩種不同的畫像,到現在都有傳本。

選自《朱元璋傳》(1948 年版)第六章第四節。

註　釋

1　《明史》卷三,《太祖本紀三》。

2　《明太祖實錄》卷五三。

3　《明史》卷一三九,《茹太素傳》。

4　《明太祖實錄》卷一六五。

5　《明史》卷一二九,《宋濂傳》。

6　《御製周顛仙傳》;《御製紀夢》。

7　姚福:《青溪暇筆》。

8　徐禎卿:《翦勝野聞》。

9　《明史》卷二、卷三,《太祖本紀二、三》洪武六年、二十六年、二十八年。

10　鄭曉：《今言》三三九條；呂毖：《明朝小史》卷三。

11　《明史》卷三，《太祖本紀三》洪武三十一年。

12　陸容：《菽園雜記》。

明成祖仁宗景帝之死及其他

明世宗中年好道，齋醮無虛日，其後卒死於金石，固盡人知之。若成祖、仁宗、景帝均非善終，則以史多諱言，不盡為人知也。成祖死於仙，方晚年多暴怒，不能治事。《明史》卷二九九《袁珙傳附袁忠徹傳》：

> 禮部郎周訥自福建還，言閩人祀南唐徐知諤、知誨，其神最靈。帝命往迎其像及廟祝以來，遂建靈濟宮於都城，祀之。帝每遘疾，輒遣使問神。廟祝詭為仙方以進，藥性多熱，服之輒痰壅氣逆，多暴怒，至失音。中外不敢諫。忠徹一日入侍，進諫曰："此痰火虛逆之症，實靈濟宮符藥所致。"帝怒曰："仙藥不服，服凡藥耶？"忠徹叩首哭，內侍二人亦哭。帝益怒，命曳二內侍杖之，且曰："忠徹哭我，我遂死耶？"忠徹惶懼，趨伏階下，良久始解。

靈濟宮祀事詳孫承澤《春明夢餘錄》。

仁宗之死，傳聞異辭。或云死於雷，或云為宮人所毒，見皇甫錄《明紀略》、楊儀《螭頭密語》。陸釴《病逸漫記》則云："仁宗皇帝駕崩甚速，疑為雷震，又疑宮人欲毒張后，誤中上。予嘗遇雷太監，質之，云皆不然，蓋陰症也。”

景帝之死，陸釴《病逸漫記》：“景泰帝之崩，為宦者蔣安以帛勒死。”查東山《罪惟錄》所記同。

明諸帝中最雄武殘暴者無如太祖，衡石量書，初未嘗溺於女色。顧中年時曾納陳友諒姜，後頗以為悔，於所頒《大誥》中自白其事，忸怩作態，亦大可笑也。

《大誥·諭官無作非為第四十三》：

> （朕）當未定之時，攻城略地，與群雄並驅，十有四年餘，軍中未嘗妄將一婦人女子。惟親下武昌，怒陳友諒擅以兵入境，既破武昌，故有伊姜而歸。朕忽然自疑，於斯之為，色乎？豪乎？智者監之。

諸帝中最昏庸無識者莫如熹宗，顧熹宗實一無才之工程師，使其不為帝王，當為不世出之大匠。李遜之《三朝野記》卷二：

> 上性好⋯⋯蓋房屋，自操斧鋸鑿削，巧匠不能及⋯⋯日與親近之臣涂文輔、葛九思輩朝夕營造，造成而喜，不久而棄，棄而又成，不厭倦也。當其斤斫刀削，解衣盤礡，非素暱近者不得窺視。王體乾等每伺其經營鄙事時，即從旁傳奏文書，奏聽畢，即曰：“爾們用心行去，我知道

了。"所以太阿下移，（魏）忠賢輩操縱如意，而（崔）呈秀、（魏）廣微輩通內者亦如桴鼓之捷應也。

此所記出劉若愚《酌中志》卷一四。

原載《文史雜誌》第二卷第二期，1942 年 2 月。

論晚明 "流寇"

　　明末 "流寇" 的興起，是一個社會組織崩潰時必有的現象，像瓜熟蒂落一樣，即使李自成張獻忠這一班暴民領袖不出來，那由貴族太監官吏和地主紳士所組成的統治集團，已經腐爛了，僵化了，肚子吃得太飽了，搜括到的財富已經堆積得使他們窒息了，只要人民能夠自覺，團結成為偉大的力量，要求生有的權利，這一個高高的掛在半空中的惡化的無能的機構，是可以一蹴即倒的。

　　朱明政權的被消滅，被消滅於這政權和人民的對立，殺雞求卵。被消滅於財富分配的不均，窮人和地主的對立。在三百年前，崇禎十七年（公元 1644）正月兵科都給事中曾應遴明白地指出這現象，用書面警告政府當局，他說："臣聞有國家者不患寡而患不均，不患貧而患不安。今天下不安甚矣，察其故原於不均耳。何以言之？今之紳富率皆衣租食稅，安坐而吸百姓之髓，平日操奇贏以役愚民而獨擁其利，有事欲其與紳富出氣力，同休戚，得乎？故富者極其富而至於剝民，貧者極其貧而甚至於不能聊生，以相極之數，成相惡之刑，不均之甚也。" 富者愈富，貧者愈貧，紳富階級利用他們所有的富力，和因此而得到的特殊政治勢力，加速地加重地剝削和壓迫農民，吸取最後的一滴血液，農民窮極無路，除自殺，除逃亡以外，唯一的活路是起來反抗，團結起來，用暴力推翻這一集團的吸血鬼，以爭得生存的權利。

十七世紀初年的農民反抗運動，日漸開展，得到一切被壓迫人民的支持，參加，終於廣泛地組織起來，用生命去搏鬥，無情地對統治集團進攻，加以打擊，消滅。這運動，當時的統治集團和後來的正統派史家稱之為"流寇"。

"流寇"的發動，成長，和實力的擴充，自然是當時統治集團所最痛心疾首的。他們有的是過分的充足的財富，舒服，縱佚，淫蕩，美滿而無恥的生活。他們要維持現狀，要照舊加重剝削來維持欲望上更自由的需要，縱然已有的產業足夠子子孫孫的社會地位的保證，仍然像飢餓的狼，又饞又貪，永遠無法滿足。然而，當前的變化明朗化了，眼見得被消滅，被屠殺了，他們不能不聯合起來，用一切可能的方法，加強統制，加強武力，侮蔑，中傷對方，作最後的掙扎。同時，集團的利益還是不能消除個人利害的衝突，這一集團的中堅分子，即使在火燒眉睫的時候，彼此間還是充滿了嫉妒，猜疑，勾心鬥角，互相計算。在整三百年前，北平的形勢最緊張的時候，政府請勸貴大臣富賈巨商獻金救國，話說得極懇切，希望自己人能自己想辦法，可是，結果，最著名的一個富豪出得最少，他是皇帝的親戚，皇帝皇后都動了氣，才添了一點點，其他的人自然不會例外，人民雖然肯盡其所有報效國家，可惜的是他們早已被榨乾了。三月十九日北平陷落後，這些慳吝的高貴的人們，被毫無憐憫的幾夾棍幾十板子，大量的金子銀子珠寶被搜出以後，一批一批地斬決，清算了他們對人民所造的孽債。皇宮被佔領以後，幾十間塵封灰積的庫房也打開了，裏面堆滿了黃的金子，白的銀子！皇宮北面的景山，一棵枯樹下，一條破席子，躺着崇禎皇帝和他的忠心的僕人的屍身！

站在相反的場合，廣大的農民群眾，他們是歡迎"流寇"的，因為同樣是在飢餓線上掙扎的人們。舉幾個例子，山西的許多城市，沒有經過什麼戰鬥便被佔領了，因為餓着肚子的人們到處都是，他們作內應，作先遣部隊，打開城門，請敵人進來。山東河南的城市，得到"流寇"的安民牌以後，人民恨透了苛捐，恨透了種種名目的徵輸，更恨的是在位的地方官吏，他們不約而同，一窩蜂起來趕走了地方官，持香設酒，歡迎佔領軍的光臨，有的地方甚至懸燈結綵，遠近若狂。又如宣府是京師門戶，北方重鎮，被圍以後，巡撫朱之馮懸重賞募人守城，沒人理會。再三申說，城中的軍民反而要求准許開城納款，朱之馮急了，自己單獨上城，指揮炮手發炮，炮手又不理會，毫無辦法，急得自己點着火線，要發炮，又被軍民搶着拉住手，不許放，他只好歎一口氣說："人心離叛，一至如此！"

由於政治的腐敗，政府軍隊大部分是勇於搶劫，怯於作戰的，他們不敢和"流寇"正面相見，卻會殺手無寸鐵的老百姓報功，"將無紀律，兵無行伍，淫污殺劫，慘不可言，尾賊而往，莫敢奮臂，所報之級，半是良民"。民間有一個譬喻，譬"流寇軍"如梳，政府軍如櫛，到這田地，連剩下些過於老實的良民也不得不加入"流寇軍"的集團去了。名將左良玉駐兵襄樊，姦淫擄掠，無所不為，老百姓氣苦，半夜裏放火燒營房，左良玉站不住腳，劫了一些商船逃避下流，左兵未發，老百姓已在椎牛設酒歡迎"流寇"了。其他一些將領，更是尷尬，馬擴奉命援鳳陽，鳳陽被焚劫了四天以後，敵人走了，他才慢慢趕到。歸德已經解圍，尤玘才敢帶兵到城下，穎、亳、安、盧一帶的敵人已經唱得勝歌凱旋了，飛檄赴援的部隊，連影子也看不見。將軍們一個個腦滿腸肥，要留着性命享受用人格換來的財富，士兵都是出身於貧困階層的農民，穿不暖，吃不飽，臉黃肌瘦，走路尚且艱難，更犯不着替剝削他們的政權賣命，整個軍隊的紀律破壞了，士氣消沉，軍心渙散，社會秩序，地方安寧都無法維持，朱明政權也不能不隨之解體了。

"流寇"的初起，是各地方陸續發動的，人自為戰，目的只在不被飢餓所困死。後來勢力漸大，兵力漸強，政府軍每戰必敗，才有推翻統治集團的企圖。最後到了李自成在 1643 年渡漢江陷荊襄後，恍然於統治集團的庸劣無能，才決定建立一新政權，從此便攻城守地，分置官守，作爭奪政權的步驟，一反過去流竄的作風，果然不到兩年，北京政府便被消滅，長江以北大部分被放在新政權之下。這是在李自成初起時所意料不及的。其實與其說這是李自成的成功，還不如說是社會經濟的自然崩潰比較妥當。

分析朱明政權的傾覆，就政府當局說，最好的評論是戴笠的《流寇長篇序》，他說："主上則好察而不明，好佞而惡直，好小人而疑君子，速效而無遠計，好自大而恥下人，好自用而不能用人。廷臣則善私而不善公，善結黨而不善自立，善逢迎而不善執守，善蒙蔽而不善任事，善守資格而不善求才能，善大言虛氣而不善小心實事。百年以來，習以為然。有憂念國事者則共詫之如怪物。"君臣都是亡國的負責人，獨裁、專制加上無能的結果是自掘墳墓。

就整個社會組織的解體說，文震孟在 1635 年上疏《論致亂之源》說："堂陛之地，猜欺愈深，朝野之間，刻削日甚。縉紳麇麚驕之懷，士子嗟束濕之困。商旅咨嗟，百工失業，本猶全盛之海宇，忽見無聊之景色，此致亂之源也。"他又指出政府和人民的對立："邊事既壞，修舉無謀，兵不精而日增，餉隨兵而日益，餉重則稅重，稅重則刑繁，復乘之以天災，加之以饑饉，而守牧惕功令之嚴，畏參罰之峻，不得不舉鳩形鵠面無食無衣之赤子而笞之禁之，下民無知，直謂有司仇我虐我，今而後得反之也，此又致亂之源也。"驅民死地，為叢毆雀，文震孟是政府的一員大官，統治集團的一個清流領袖，委婉地說出致亂之源是由於政府的上下當局所造成，官逼民反。

正面的指斥是李自成的檄文，他指斥統治集團的罪狀說："明朝昏主不仁，寵宦官，重科第，貪稅斂，重刑罰，不能救民水火，日罄師旅，擄掠民財，姦人妻女，吸髓剝膚。"完全違反農民的利益，剝奪人民的生存權利，接着他特別提出他是代表農民利益，而且他本身是出身農民階層的，他說："本營十世務農良善，急興仁義之師，拯民塗炭，士民勿得驚惶，各安生理。各營有擅殺良民者，全隊皆斬。"他提出鮮明的口號："吃他娘，着他娘，吃着不盡有闖王，不當差，不納糧！"以除力役，廢賦稅，保障生活為號召，以所掠得統治集團的財富散給饑民，百姓喜歡極了，叫這政府所痛恨的軍隊為"李公子仁義兵"。他標着鮮明的農民革命的旗幟，向統治集團作致命的打擊。在這情勢下，對方還是執迷不悟，茫然於當前的危機，抱定對外和平，對內高壓的政策，幾次企圖和關外對峙的建州部族，講求以不失面子為光榮的和平，只用一小部分軍力在山海關內外，堵住建州入侵的門戶，作消極的防衛，對內卻用全力來消滅"流寇"。同時，內部又互相猜嫌排斥，"有憂念國事者則共詫之如怪物"，繼續過着荒淫無恥的生活。對人民則更加強壓迫，搜括出最後的血液，驅其反抗。政府和人民的對立情勢達於尖銳化，以一小數的腐爛的統治集團來抵抗全體農民的襲擊，自然一觸即摧，朱明的政權於此告了終結。

十七世紀前期的政府和人民的對立，政府軍包圍，追逐"流寇"，兩個力量互相抵消，給關外的新興的建州部族以可乘之機，乘虛竄入，建立了大清帝國。這新政權的本質是繼承舊傳統的，又給剷除未盡的地主紳富以更甦的機會，民族的進展活力又被窒息了三百年！

附帶的提出兩件事實：

其一是距今三百零一年前的七月二十五日，當外寇內亂最嚴重的時候，江蘇楓橋，舉行空前的賽會，紳衿士庶男女老幼，傾城罷市，通國若狂。

其二是距今三百年前的四月初二，江蘇吳江在得到北都傾覆的消息以後，舉行郡中從來未有的富麗異常的賽會。這兩次亡國的狂歡之後，接着就是嘉定三屠，揚州十日！

此文原名《晚明"流寇"之社會背景》，1934 年 10 月，發表於天津《大公報·史地周刊》第五、六期。1944 年 3 月重寫於昆明。收入《歷史的鏡子》。

明代的殉葬制度
——"美德組成的黃金世界"之一斑

明天順八年（公元 1464）正月英宗大漸，遺詔罷宮妃殉葬。[1] 這是明史上一件大事。在此以前，宮妃殉葬是明代的成例。毛奇齡《彤史拾遺記》說：

> 太祖以四十六妃陪葬孝陵，其中所殉惟宮人十數人。洪武三十一年七月建文帝以張鳳……由錦衣衛所試百戶散騎帶刀舍人進為本所千百戶，其官皆世襲，以諸人皆西宮殉葬宮人父兄，世所稱朝天女戶者也。成祖以十六妃葬長陵，中有殉者。仁宗殉五妃，其餘三妃以年終別葬金山……宣宗殉十妃……嗣後皆無殉，自英宗始。惟景泰帝尚以唐妃殉，則天順元年事在遺詔前。[2]

不但是皇帝，即諸王亦有殉葬例。《明史·周王傳》：

> 有燉正統四年薨，無子。帝（英宗）賜書有燉曰："周王在日，嘗奏身後務從儉約，以省民力。妃夫人以下不必從死，年少有父母者遣歸。"既而妃鞏氏，夫人施氏、歐氏、陳氏、張氏、韓氏、李氏皆殉死，詔謚妃貞烈，六夫人貞順。

帝王之薨，由群臣議殉葬，一經指定，立即執行。《彤史拾遺記‧唐妃傳》：

> 郕王薨，群臣議殉葬及妃，妃無言，遂殉之，葬金山。

殉葬時的情形，《朝鮮李朝世宗實錄》有一段記載：

> （六年〔永樂二十二年，公元 1424 年〕十月戊午登極，使臣禮部郎中李琦，通政司參議彭璟言，）前後選獻韓氏等女皆殉大行皇帝……（帝崩）宮人殉葬者三十餘人。當死之日，皆餉之於庭，餉輟俱引升堂，哭聲震殿閣。堂上置木小床，使立其上，掛繩圍於其上，以頭納其中，遂去其床，皆雉經而死。韓氏臨死顧謂金黑曰：「娘，吾去！娘，吾去！」語未竟，旁有宦者去床，仍與崔氏俱死。諸死者之初升堂也，仁宗親入辭訣。[3]

韓妃、崔妃俱朝鮮人，金黑為韓妃乳母。

宮妃殉葬後，除優恤其家人外，例加死者謚號，《明英宗實錄》卷三記：

> （宣德十年〔公元 1435 年〕三月庚子，）贈皇庶母惠妃何氏為貴妃，謚端靜。趙氏為賢妃，謚純靜。吳氏為惠妃，謚貞順。焦氏為淑妃，

諡莊靜。曹氏為敬妃，諡莊順。徐氏為順妃，諡貞惠。袁氏為麗妃，諡恭定。諸氏為恭妃，諡貞靖。李氏為充妃，諡恭順。何氏為成妃，諡肅僖。諡冊有曰：茲委身而蹈義，隨龍馭而上賓，宜薦徽稱，用彰節行。

景泰帝之崩，殉葬宮人除唐妃外，當時並曾提及汪皇后，幸為李賢所救免。《明史・景帝廢后汪氏傳》：

> 景帝崩，英宗以其後宮唐氏等殉，議及后。李賢曰：妃已幽廢，況兩女幼，尤可憫。帝乃已。

從英宗以後，明代帝王不再有殉葬的定例，可是，在另一方面，自任為名教代表的仕宦階級，卻仍擁護節烈，提倡殉夫，死節，舉一個例，黃宗羲《南雷文案・唐烈婦曹氏墓誌銘》：

> （曹氏）年十九歸同邑唐之坦……（之坦）疾革，謂其夫曰：君死我不獨生……除夕得間，取其七尺之餘布，自經夫櫃之旁……年二十五，許邑侯詣廬祭之，聚觀者數千人，莫不為歎息泣下。

原載《大公報・史地周刊》第十七期，1935 年 1 月 11 日。

註　釋

1　《明史》卷一二，《英宗后紀》；卷一七六，《彭時傳》。

2　《明史》卷一一三《郭嬪傳》事同稍簡。

3　《朝鮮李朝世宗實錄》卷二六。

教主後裔謀殺案兩則

明王世貞《弇山堂別集》記明憲宗成化二年（公元1466），中國兩個最有歷史最受朝野尊敬的家族族長的故事。第一個是孔子的嫡系子孫衍聖公孔弘緒：

> 三月癸卯，衍聖公孔弘緒坐姦淫樂婦四十餘人，勒殺無辜四人，法當斬。詔以宣聖故，削爵為民，以弟弘泰代。

第二個是張道陵的嫡系子孫正一嗣教大真人張元吉：

> 四月戊午，正一嗣教大真人張元吉坐僭用器物，擅易制書，強奪子女，先後殺平人四十餘人，至有一家三人者。坐法當凌遲處死。下獄禁錮。尋杖一百，戍鐵嶺。而子玄慶得襲。元吉竟以母老放歸。

一個在山東，一個在江西，生在同一時代，同一罪名，姦淫殺人，而且判決書上還寫着殺的是無辜平民。

都因為有好祖宗，不但不受法律處分，連官也不丟，一個給兄弟，一個給兒子。

這叫做法治？這叫做中國式的民主？沒有好祖宗，得硬攀一個。再不然，也得結一門好親戚，此之謂最民主的國家之國情有別。

　　這兩個故事也被記載在《明史》，不重引。

原題《衍聖公和張天師》，選自《歷史的鏡子・附錄―史話》。

回紇與大唐的恩仇記

　　一千二百多年前，中國發生內戰，長安、洛陽兩個都城全陷落了。天寶皇帝拋棄了人民和土地，帶着他寵愛的妃子出奔，一直逃到成都。在成都待了一陣，靠將軍郭子儀，尤其是盟邦回紇的福，居然打了幾個勝仗，收復了京城，舉行了還都大典。一切都復了原，腐化、貪污、作弊，加上賣官曹爵，連和尚道士的度牒都賣錢，還有惡性通貨膨脹。唯一未復員的是馬嵬驛的孤墳。還有，年紀過七十了，兒子早當了家，只好當太上皇，吃碗有點彆扭的閒飯。

　　回紇的騎兵是有名的，排山倒海而來的騎兵方陣，衝破了安祿山、史思明的曳落河（壯士、外族軍），擊潰了安慶緒、史朝義的蕃將漢兵。當然，也根據唐回條約，搶光了洛陽、長安和沿途所經的城市，榨乾了中國人民的血汗，蹂躪侮辱了中國的子女。還在唐回商約的保證下，每年來笑納一筆可觀的保護費，或者說是援助費吧。

　　史實是這樣的，不妨回憶一番：

　　天寶十四載（公元 755）十一月安祿山反於河北，以討楊國忠為名，步騎精銳，煙塵千里，鼓噪震地，十二月陷洛陽，第二年六月入潼關，取長安，天寶皇帝南奔。他的兒子北奔，就當時最強的朔方軍組織流亡政府。

朔方的統帥是郭子儀，有五萬大軍，還有許多驍猛的蕃將，本錢還不錯。中原方面，有張巡、許遠用力阻住安祿山，不許他南下。長江以南的局面是完整的。回紇可汗和吐蕃贊普都派人來說願意出兵援唐。九月，唐肅宗為了要 "借兵於外夷以張軍勢"，派一個宗室和蕃將僕固懷恩、出使回紇，發援汗那兵和西方蕃族兵，條件是大大的經濟報酬。

回紇派了貴將葛羅支帶兩千精騎和郭子儀合軍，一到就打了個大勝仗。郭子儀覺得有辦法了，勸唐肅宗再請回紇援助。回紇懷仁可汗也真慷慨，至德二年（公元 757）九月又派他的兒子葉護和將軍帝德帶四千餘騎來助戰。皇太子廣平王俶作天下兵馬元帥，和葉護結拜為兄弟，統帥朔方、回紇、安西、南蠻、大食兵十五萬，號稱二十萬，一個實實在在的國際聯軍，從鳳翔出發，削平 "內亂"，收復失地。

回紇軍的給養每天羊二百口，牛二十頭，米四十斛。替唐朝作戰的條件，說明在兩都收復後土地人眾歸唐，玉帛子女歸回紇，也就是政治的主權，拿不走的土地算一份，經濟的物資和女人之類也算一份，兩家平分。一個可以回老家，一個呢，做一票大買賣。

第一次大戰是香積寺之戰。在長安西，灃水東。

開頭唐軍被敵人齊頭並進的曳落河所突破，陣勢亂了。苦戰了一陣子，前軍用長刀衝鋒，穩住戰局。突然從斜刺裏殺出僕固懷恩的回紇軍，兩頭夾擊，十萬敵軍被殲滅了六萬，當晚退出長安。

第二天大軍進入西京，葉護立刻下令大搶，履行條約。

廣平王沒辦法，只好拜於葉護馬前，說是"今始得西京，若遽俘掠，則東京之人皆為賊固守，不可復取矣。願至東京乃如約"。葉護想這道理也對，答應到洛陽再動手。

第二役是新店之戰，在陝城西面。

安祿山的部隊有十五萬，郭子儀軍一接仗就吃了虧，又是回紇軍抄背後。大風黃埃中萬馬奔騰，箭似連珠，安祿山軍着了慌，一下就垮了。又是兩頭夾擊，完成了一個殲滅戰。第二天大軍進入東京。

這一回雙方都忠實實行條約上的權利，回紇軍整整放開手搶了三天。政府庫藏光，民間積蓄光，大元帥乾瞪眼。回紇軍到第四天還不肯住手，洛陽的紳士們只好再來一次自動的慰勞，獻出中國的名產繪錦萬匹，才算收了手。於是大元帥接收了空城，家家像洗過一樣的空房子，和丟了老婆不見女兒的丈夫和父母。不過，主權是完整的。

葉護凱旋到長安，皇帝派群臣郊迎，在長樂驛舉行慰勞儀式，在宣政殿擺慶功宴，人人賜錦繡繒器。葉護樂極，說要親自回國，再調一批人馬來，直搗范陽，奠定統一。皇帝也樂了，大誇獎說："為朕竭義勇，成大事，卿等力也。"拜為司空，爵忠義王，每年賜絹二萬匹。

歲幣之外，是和親。和親照漢朝的老規矩，是拿宗室女子或民間美女來代替的。這次卻不然，為了表示親善，唐肅宗居然捨了自己親生的小女兒寧國公主，奉送給他所冊立的回紇英武威遠毗架汗磨延啜。陪送使臣為了這一點，當面和可汗說明，是皇帝親生公主，"恩禮至重"，於是公主成為回紇可敦，唐天子天可汗成為回紇可汗的老丈人，一門真正的親戚。

當然，回紇軍第三次來華，回紇王子骨啜特勒、宰相帝德又帥領騎兵三千來助戰。

乾元二年（公元759）二月九節度師潰於相州，回紇將軍奔還長安。為了安慰，為了下次的援助，這些敗軍之將還是運回去比過去所得更多的賞賜。

寶應元年（公元762）九月洛陽又失陷了，唐使臣劉清潭又到回紇去乞師。回紇先以為唐朝連遭玄宗和肅宗之喪，中國無主，落得趁火打劫。出兵到朔方三受降城，眼見邊地已經殘破不堪，越發起了輕視的念頭，對天可汗的使臣加以困辱。唐朝急得沒辦法，還是請僕固懷恩去辦交涉。這時的回紇可汗是懷恩的女婿，左勸右勸，才答應助唐。可是出師路線，左不行，右不行，最後才挑了一條不會和敵軍接觸，而又沿途給養充足的陝州線。

天可汗派皇太子雍王适作天下兵馬元帥，行營在陝州。過河去見回紇可汗，同去的有兩個將軍和兩個高級幕僚。一到便被逼向回紇可汗行拜舞禮，為了顧全體面，抵死不肯。將軍幕僚每人被鞭一百，兩個當場打死，剩下兩個屈辱地跟元帥回營，什麼也沒有說，更說不上軍事的配合。

東都再度收復，回紇軍又隨至大掠，殺人搶東西，無所不為，老百姓無處投奔，只好逃避到聖善寺和白馬寺，求泥菩薩庇護。把回紇軍搞惱了，一把火連燒了十幾天，殺了一萬多人。唐朝的官軍也癢了手，在汝州、鄭州照樣來一套，整整三個月功夫，弄得這戰區，沒有一所房子是完整的。老百姓衣服被剝光只好穿紙衣裳過日子。

為了報答收復東都的大功，天可汗冊封回紇可汗為"頓咄登里骨啜蜜施合具錄英義建功毗伽可汗"，可敦為"娑墨光親麗華毗伽可敦"，從可汗到宰相，共賜實封二萬戶，將軍都封王和國公。

回紇先把所掠寶貨安置在河陽，派兵守護，到回國時，又把沿途民家一掃而光。唐朝地方政府的招待稍不如意，便殺人放火，鬧得沒有人敢替回紇辦差。唐朝政府也知道這情形，廣德元年（公元 763）七月下令：凡回紇行營所經過的地方，免今年田租一年以示體恤。

回紇從此算是唐朝的有功有德的盟邦了。對盟邦是不應該不友好的，對盟邦不友好便是違反政府利益，大逆不道。推而論之，即使是盟邦對我們稍有不友好情形，也應該容忍，原諒，務必在和諧的空氣中，保持大國風度。

以下是零碎的一連串的回絕對唐表示友好的事實：

廣德元年（公元 763）閏正月己酉夜，有回紇十五人犯含光門，突入鴻臚寺，守衛不敢攔阻。含光門在朱雀街西，是中央政府機關所在地，鴻臚寺是國賓招待所。

大曆七年（公元 772）正月回紇使臣突出鴻臚寺，在鬧市搶女人，毆擊干涉他們的官吏。接着又一闋衝出三百多騎兵要衝進金光門、朱雀門，鬧得皇城門全關上，長安罷市。政府派出經常出使回紇的太監，多方說好話，賠笑臉，才算了結此案。

同年七月又跑出鴻臚寺，到大街搶劫，連長安縣令邵說也給趕跑了，把他的坐馬搶走。邵說只好低頭，另換一匹馬回家。

大曆九年（公元 774）七月壬寅，回紇白天在大街上殺人，地方官把殺人犯拘捕之後，皇帝下令特赦。

次年九月戊午，回紇又是白天在大街殺人，把一個市民腸子刺出，被拘囚在萬年縣監獄。回紇使臣赤心立刻帶人劫獄，把獄吏砍傷，犯人搶走。政府得到報告，為了親善，沒有說話。

以上這幾個例子只是在首都的暴行，而且只是當時史官所記下的暴行，至於其他地方的，史官所沒有記下的更不知有多少。可是，就是這幾個例子也盡夠了，在堂堂天可汗國的首都，在國賓招待所裏，在皇城城門口，在政府機關，在大街廣巷，攻打皇城城門，攻擊官署，搶劫地方長官坐馬，殺人劫獄，其他地方可想而知，對平民百姓又可想而知了。

不止如此，大曆十三年（公元778）正月，回紇大軍入寇太原，唐軍居然抵抗，死了一萬多人，回紇縱兵大搶，過了一個月才被更大的兵力所壓迫退出。政府還是容忍，也不問為什麼來攻擊來搶，回紇使臣來了，還是照舊招待。

　　而且，從758年以來，根據唐回商約，回紇用馬來換唐的繒帛，每馬一匹換帛四十匹。回紇每年趕幾萬匹馬來通商，大部分是老的病的。買的不夠數，給的繒帛不夠數，立刻鬧翻，不是動手打就是用軍隊打。政府苦於無法應付，而又不敢不應付，只好竭盡庫藏，實在沒辦法，有時鬧得由公務員捐月薪，將軍獻家財。每一次回紇使臣回去，所得的賞賜和馬價要用一千多輛車子才夠裝。

　　這情形一直到843年，回紇接連發生內亂，部落離散，唐軍大破回紇之後，才結束了這九十年來的親善關係。

　　可惜，史缺有間，要不然，一定會有多少次的敦睦邦交令可以讓我們參考。

原題《回紇助唐記》，選自《史事與人物》。

西漢的非正常死亡

　　西漢以農業立國，實行的政治家及議論的思想家，胥以農本主義為立國的宏圖，而儕工商為末技。平時則獎勵勸誘，驅民歸農，遇有荒欠，則免賦募賑，救濟多端，此讀《前漢書》《食貨志》及十二《本紀》，亦可以知其梗概矣。農業的於西漢國家經濟，既如此其重要，則農業的本身利害，其有關於國計民生可知，爰將西漢一代自高帝五年至平帝元始二年（公元前 206 — 公元 2）二百年間的農業災害列表於後（據《前漢書》《天文志》、《五行志》、《食貨志》、十二《本紀》）：

西漢紀元	西元 B.C.	災　　變
高帝五年	206	楚亡。 漢興，承秦之敝，諸侯並起，民皆失業而大饑饉，凡米石五千，人相食，死者過半，高祖乃令民得賣子就食，蜀漢既定，民無蓋藏。
惠帝二年	193	地震隴西，壓四百餘家。
五年	190	大旱，江河水少，谿谷絕。
高后二年正月	186	武都山崩，殺七百六十人，地震至八月乃止。
三年夏	185	漢中南郡大水，水出流四千餘家。

（續上表）

四年秋	184	河南大水，伊洛流千六百餘家，汝水八百餘家，南陽沔水萬餘家。
八年	180	江水漢水溢，流水萬餘家。
文帝元年四月	179	齊楚地山二十九所同日俱大發水潰出。
二年六月	178	淮南王都壽春，大風毀民室殺人。
三年秋	177	天下旱。
五年	175	吳暴風雨，壞城府民室。楚王都彭城大風毀市門殺人。
六年春	174	天下大旱。
后二年春	161	大雨晝夜不絕十五日，藍田水出流九百餘家。燕，壞民室八千餘所殺三百餘人。
后六年四月	158	大旱，蝗。
景帝三年	153	七國反，蝗。
中三年秋	147	大旱，蝗。
中四年夏	146	蝗。
后元年五月	144	民大疫死，棺貴，至秋止。
后元二年秋	143	大旱。
武帝元光五年秋[1]	135	螟。
六年夏	134	大旱，蝗。
建元三年春	138	河水溢於平原，大饑，人相食。
四年	137	旱。
五年	136	大旱，蝗。
元光三年	132	河水決濮陽，泛郡十六。
六年夏	129	大旱。
元朔五年春	124	大旱。

（續上表）

元狩元年	122	大雨雪，民多凍死。
三年夏	120	大旱。
秋		遣謁者勸有水災郡種麥，舉吏民能假貸貧民者以聞。
元鼎二年春	115	雪平地厚五尺，民多凍死。
夏		大水，關東饑死者以千數。
三年	114	關東郡國十餘饑，人相食。
五年秋	112	蝗。
元封四年夏	107	大旱，民多渴死。
六年	105	大旱，蝗。
太封元年夏	104	蝗，從東方飛至敦煌。
二年秋	103	蝗。
四年夏	101	蝗。
天漢元年夏	100	大旱。
三年夏	98	大旱。
征和元年夏	92	大旱。
二年八月	92	地震壓殺人。
三年秋	90	蝗。
四年夏	89	蝗。
昭帝始元二年	85	詔曰：往年災害多，今年蠶麥傷。
四年	83	詔曰：比歲不登。
六年	81	大旱。
五年夏	76	大旱。
宣帝本始三年夏	71	大旱，東西及千里，詔郡國傷旱甚，毋出租賦。

（續上表）

四年	70	地震河南以東四十九郡，壞城郭，殺六千餘人。詔曰：今歲不登，已遣使者振貸困乏，其令太官捐膳省宰，樂府減樂人，使歸就農業……載穀入關者，得毋用傳。
地節元年	69	假郡國貧民田。
四年	66	郡國被水災。
元康二年	64	天下被疾疫災。
神爵元年秋	61	大旱。
元帝初元元年	48	渤海水大溢，六月，關東大饑，民多餓死。琅邪人相食，民疾疫。
九月		關東郡國十一大水，饑，或人相食，轉旁郡錢穀以相救。禾麥傷。
永光元年三月	43	隕霜，傷麥、稼、麻，天下大饑。
三年冬	41	地震。
五年秋	39	潁川水出，流殺人民。
建昭二年十月	37	齊楚地震。
成帝建始元年	32	十二月大風，郡國被災。
二年夏	31	大旱。
三年秋	30	關內大水，流殺人民無算。
四年秋	29	水災，漂流兗豫二州。
河平元年三月	28	旱，傷麥，民食榆子。
四年十月	26	流民入函谷關。
陽朔二年	23	關東大水。
鴻嘉三年夏	18	大旱。
四年	17	渤海清河河溢，被災。

（續上表）

成帝永始三年夏	14	大旱。
四年	13	大旱。
綏和二年九月	7	地震自京師至北邊郡國三十餘，壞城郭，凡殺四百十五人。
哀帝建平元年	6	河南潁川水出，流殺人民。
平帝元始二年	2A7.D.	郡國大旱，蝗遍天下，青州尤甚。

綜計：大旱二十七、水災二十一、蝗螟二十、風災四、疾疫三、地震七、饑饉（人相食）七。為災八十九，而寇盜兵燹不與焉。

案：前代史家通習，每喜侈言祥瑞而匿災饉。現代遺存的史書中所得考見者，在史學家秉筆當初，又不過用以警惕人主，另有作用，初不計其有關於一代經濟史的如此其重大也。茲表所列，容有遺漏舛誤，然亦可以窺見當時經濟狀況的一斑。

今就武帝一朝而論之，則大旱十、水災六、蝗螟十、饑饉一、地震一，為災三十，佔西漢一代災饉總數三分之一。再就武帝一朝征伐、徵發統計之如下（據《前漢書‧武帝本紀》）：

	西元前	征伐及徵發	災燹
建元三年	138	遣嚴助發會稽兵浮海救東甌。	大饑，人相食，次年蝗。
六年	136	擊閩越，未至。	前一年大旱。

（續上表）

元光元年	135	遣李廣屯雲中，程不識屯雁門，尋罷。	
二年	134	五將軍將三十萬擊匈奴。	
三年夏	133	發卒十萬人救決河。	河水決泛郡十六。
五年夏	132	發巴蜀治南夷道，發卒萬人治雁門阻險。	螟。
六年	131	穿漕渠通渭。四將征匈奴遣韓安國屯漁陽。	夏大旱，蝗。
元朔元年秋	130	衞青李息擊匈奴。	
二年	129	衞青李息擊匈奴。募民徙朔方十萬口。	
三年秋	128	徙朔方城。	
五年春	126	衞青將六將軍十萬人擊匈奴。	大旱。
六年春	125	衞青將六將軍十餘萬人擊匈奴。	
夏		衞青復將六將軍復絕幕。	
元狩元年	122	淮南王反，死者數萬人。	大雨雪，民凍死。
二年春	121	霍去病征匈奴。張騫李廣擊匈奴於右北平。	
三年	120	滅隴西北地上郡戍卒半，發謫吏穿昆明池。	水災，大旱。
四年夏	119	衞青霍去病將十萬騎步軍踵軍後數十萬人擊匈奴。	

（續上表）

元鼎五年秋	112	五將軍十萬餘人開南越。	蝗。
六年冬	111	二將軍十萬眾征西羌，三將軍擊東越。 公孫賀趙破奴擊匈奴。	
元封元年	110	置十二部將軍勒兵十八萬騎，親將巡邊。	
二年	109	遣楊僕荀彘將罪人擊朝鮮。 遣郭昌衛廣發巴蜀兵平西南夷。	
四年	107	遣郭昌屯朔方。	夏大旱，民多渴死。大旱。
六年	105	遣郭昌擊益州昆明。	蝗。
太初元年	104	築塞外受降城。發天下讁民遣李廣利征大宛，天下奉其役運。	蝗從東方飛至敦煌。
二年	103	趙破奴將二萬騎擊匈奴不還。	蝗。
三年	102	築五原塞外列城遣韓說將兵屯之，路博德築居延。	次年蝗。
天漢元年	100	發讁戍屯五原。	大旱。
二年	99	李廣利將萬騎出朔方，公孫表李陵出居延擊匈奴。泰山琅玡群盜徐勃等阻山攻城。	
四年	97	四將軍將二十萬人征匈奴。	前一年大旱。
征和二年	91	巫蠱事作，死者數萬人。	地震，大旱。
三年	90	三將軍將十三萬人征匈奴。	蝗。次年蝗。

統計：五十年中，凡征伐徵發建築五十，其中：征伐三十二、徵發八、建築七、叛亂三。

　　約計之，則五十年中人民的受國家徵召而捨棄業務，或死亡於疆場，或因而感受失業的痛苦的約五百萬人，以每人的家屬五口計，則得二千五百萬人，以供給軍需——苛稅、雜捐、軍役——及戰區的損失者倍計之，得五千萬人——"西漢人口最高數五千六百萬"——以前者計，按照西漢一代的最低生活程度，約人年需錢三千（？），則因壯丁的被徵召而損失的費用為錢十萬五千萬。以人耕百畝計，則土地的因而荒蕪不治者五萬萬畝。其間接受損害者的所失額當十倍於此。直接受戰區的損害者的所失額當二十倍於此，其影響於國家經濟為何如！其影響於社會經濟為何如！其影響於人民經濟為何如！

　　按農業災害表所列，則西漢一代的災饉，武帝朝佔三分之一，以區域論，則關中關東一帶為當時唯一的農業發展地，以災饉的次數論，則水、旱、蝗、疫，關東所被獨多。而就征伐徵發表論，則旱蝗之後，繼以兵事，兵事未了，災疫又興。或當農季而被徵發，或嬰饑饉而奉役運，猶復朝令暮改，巡幸不時，榨髓求漿，枯骨不厭，地主失產，流為平民，平民流轉，倒斃溝壑。農村的組織，根本動搖，農業經濟，完全毀滅，《前漢書·武帝本紀》："元狩四年冬（公元前119）有司言關東貧民徙隴西北地西河上郡會稽凡七十二萬五千口。"流民轉徙至於七八十萬，則當時的農業狀況可知矣。

農業經濟的被毀滅，農村組織的被破壞，固直接受災荒、兵事的影響，然按《前漢書・武帝本紀》天漢四年（公元前 97）發天下七科謫及勇敢士征匈奴。張晏曰："吏有罪一，亡命二，贅婿三，賈人四，故有市籍五，父母有市籍六，大父母有市籍七，凡七科也。"則無論本身現在是商人，從前是商人，父母是商人而本身非商人，祖父母是商人而本身非商人的平民，都被謫發，與罪人亡命同列，而拋棄一切的業務，去應罪為商人子弟的兵役了。一切的商人有血統關係的準商人，都離開市場，商業市場全歸滅絕，與農業同其命運。於是這無工業無商業而農業也立即歸於滅絕的畸形社會，頓發生一特殊的異常的絕後的傾向。農人離開田野，工人拋棄工具，去過着原始時代的流民生活去了，商人離開市場，被拉去當兵了，貨幣等於無用，制度成為贅疣。平牡馬匹直二十萬，例之其他日常必需品，其增加率可知，而朝廷賞賜，輒復黃金數十萬斤。宮苑囿，有增無已，國庫蕩然，民無蓋藏，西漢一代財政的竭蹶，經濟情形的混亂，於此為甚。

以百分率比之，則武帝朝經濟狀況的不安與破壞的原因，可析之如下：

A. 農業災害 —— 水、旱、蝗、疫 ——— 壯丁被應兵役 —— 30%

B. 商人失業 —— 商人勒赴兵役 —— 25%

C. 兵事費用 ── 戰費、賞賜費、建築費 ── 40%

D. 巡幸及營造 15%

由上所述，作西漢一代經濟狀況盈絀表：

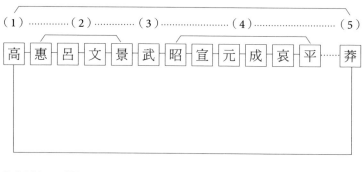

$$B.C.206 - A.D.13$$

選自《西漢經濟狀況・西漢的農業災害》。1930年作；上海大東書局出版，1941年2月。

註　釋

1　此行及下行年號、年代有誤，似為衍文。──《吳晗全集》
　　編者註。

恰逢戰亂

給士兵以 "人" 的待遇

　　遠的地方，偏僻的場所且不說，只就昆明市區而說，在大街上，在小巷裏，到處都可以看見骨瘦如柴、行走艱難的兵士。有的巴着一根竹棍支持他的體重，有的實在走不動了，躺在林蔭下，土堆上，休息過度的疲勞。有時你也可以看見一連串的擔架兵，兩個抬着一個竹籮，籮中端端正正坐着一個病兵……請記住，這些兵士都是 "人"！誰實為之？令至於此！

　　這些為國干城的 "人"，都是適齡壯丁，來源是徵調。當他們未被徵調之前，一個個都是彪彪桓桓，生龍活虎般充滿了青春的生命力，就他們原來的崗位，替國家替社會，從事生產事業。突然一符徵調，榜上有名，父母妻兒割愛送別，抹乾眼淚。踏上征途，不到幾個月的時間，足未履行陣，耳未聞炮聲，就落得這般結局。誰實為之？令至於此！

　　國家的支出比例，雖然未經公佈，但是以軍事第一的立場言，至少有百分之八十以上付於軍費，公教人員的全部收入有百分之九十四貢獻於國家，農民負擔徵購徵實，並且還負擔徵兵的最大員額。以此養兵，兵何至於不飽？而且愛護兵士體恤兵士的法令，在報章上所公佈的連篇累牘，真能做到五分之一，十分之一，兵何至於病，何至於死？誰實為之？今至於此！

根據政府文告，軍隊中負責軍官所申述，報章雜誌所報導，社會人士所傳說，兵士之所以淪於如此的待遇，其原因約有數端：第一徵調有弊，第二送兵有弊，第三歸隊有弊。今請分別言之。

所謂徵調有弊，弊在保甲長。保甲長雖然不能說全數是壞人，至少絕大部分是土豪劣紳。他們直接對人民發生連繫；在徵兵時，上下其手，正是生財大道，該徵的不徵，獨子單丁偏要徵，徵與否全憑出錢多少為轉移，此其一。貧民下戶，生活維持全靠人力，第一次被徵，勉強傾家孝敬，得以安居，不料隔不了兩三月，又被徵了，羅掘俱窮，無可倖免，上策是舉家逃亡，下策是挺身"報國"。反之，官商紳學等戶卻錢可通神，置身事外，兵役只成貧民的天職，弄得農民失業，人不聊生，此其二。流氓地痞，與保甲長勾結，以若干代價頂替兵役，交兵後即設法逃亡，又作第二次頂替，輾轉循環，農民之金錢有盡，此等人之伎倆無窮，於國於民，兩為蟊賊，其三。

所謂送兵有弊，弊在送兵長官。長官以此差為安生立業之基礎，新兵有規定之行糧，三餐則剋扣兩餐，醫藥茶水費用則全部晒納。迢迢千里，勉強能達目的地時，一月或兩月前之壯丁已成為奄奄一息之病夫矣。在途中則百般虐待，用繩捆紮，以防逃亡，宿營住民房時，必住無窗戶漆黑一團的小房，空氣清潔與否，在所不問。擁擠與床位，甚至便溺，亦在所不問。因之，經過旅途的長期磨折以後，新兵在體力方面固然消磨殆盡，在數量方面也經過大規模的淘汰，換言之，能夠到達目的地的算是經過一番人為的選擇的剩餘者。

所請歸隊有弊，弊在部隊長官。"儘管"政府如何體念兵士，增加副食費，增加食米，增加軍餉，這些實惠也不能全落到兵士身上。而且，就當地物價來說，除食米而外，木柴百斤六百元，肉一斤二百元，兵士即使不吃肉，也無法吃生米！臉黃肌瘦，個中原因，可以思過半矣。至於醫藥，軍中的醫藥費固然不充裕，但是，國外捐助的卻不在少數，似乎也分散在各大藥房或私人手中，兵士並無福享受。前些日子有個友邦的紅十字會醫師在視察我們軍隊後，很感慨地說："我們是醫生，不能替你們做什麼事。你們的問題是缺乏營養。"

把一個人從民間徵至軍中，在絲毫沒有盡他衛國衛民的天職以前，被折磨至病至死，誰實為之？令至於此！
……

抗戰的艱巨大業，正在忍受最艱巨的測驗，而我們的兵士在忍受如此的生活，我們有權利要求政府，要求社會，徹底調查。從徵兵的機構保甲長開始，以至送兵長官，部隊長官，揭出一切黑暗的非法的情形，從根本解決。以全國的財力養兵，涓滴歸兵，使兵士有報國殺敵的機會。尊重兵士的人權，給兵士以"人"的待遇！

作者註：

　　題目被當時新聞檢查官改為《給兵士以適當待遇》，原文虛點是被刪去的數段。有些句子如"擁擠與床位，甚至便溺，亦在所不問"，都是經過檢查官修改的，文意不通。不再改回來，留作紀念。

原載 1944 年 9 月 6 日《正義日報》；收入《投槍集》。

吾人並非為製造一批百萬富豪而戰

　　打了八年仗，幾百萬的健兒葬骨沙場，上千萬的壯丁變成弱丁、病丁、死丁，上萬萬的男女老幼流徙溝壑，城市為墟，日棄地百里，生命財產精神物質的損失，不可以數字計。

　　戰爭，中國人民認識這一切都是戰爭所造成，雖然顰首蹙額，踵穿肘露，家室離散，廬舍蕩然，都能緊緊腰帶，咬緊牙根而無怨言。

　　在戰爭的大帽子之下，中國農民貢獻了糧食，貢獻了人力，被榨取了最後的一滴血汗。

　　在戰爭的大帽子之下，中國的工人和工業家，在原料供給和運輸極端不利的情形中，忍受了重重剝削的捐稅，依然盡力生產；雖然情況是壞到無可再壞。

　　在戰爭的大帽子之下，公務人員和教育人員的收入被政府徵收了百分之九十六以上，生活降低到忍凍捱餓，兒女啼飢號寒，窮病苦賤，惡趣備嚐的地步，依然守住崗位，盡其病死餓死以前的最後職責。

　　在戰爭大帽子之下，真正被動員，唯一被動員的農民子弟，參加了這一堅苦卓絕的長期戰爭。然而，他們——可敬可悲的士兵，吃不飽，穿不暖，有病無藥醫，有怨無處訴，在沉默中忍受非人的生活而繼續作戰。

這一切，都為了戰爭，為的是不被奴役，不被虐待，不被屠殺，從黑暗中掙扎出來，從苦痛中掙扎出來；為的是我們民族的自由和獨立，為的是民主生活的享受。

然而，一邊路有凍死骨，一邊呢，朱門酒肉臭！

自由、獨立、民主還只是大海中遙遠的燈塔，可望而不可即。颶風狂怒，波浪滔天，一葉孤舟，被搖擺，被播弄，突而升上百尺的狂濤，突而被淹沒在水平線下。正在驚惶忿怒、彷徨苦悶的時候，大西洋彼岸突然傳來一聲怒吼："吾人並非為製造一批百萬富豪而戰！"

是的，我們八年的戰爭，除了喪失廣大地區作戰略上的"撤退"而外，我們的的確確製造了一批甚至一群一集團的百萬富豪。

這一集團的富豪，同時也是實際中國的統治者。

這些百萬富豪身份不同，有的是現任官吏，有的是鄉鎮保甲長，有的是軍人，有的是紳衿，有的原形是買辦，有的原形是地主。然而他們都是靠戰爭發財，都由戰爭致富，則並無二致。

這些百萬富豪致富的方法不同，有的假公營私，有的收受賄賂，有的乘機舞弊，有的敲榨勒索，有的投機走私，有的囤積居奇，有的操縱擾亂金融。相同的是，他們都是靠官商合一的牌子，亦官亦商，即官即商，似官似商的手段，則並無二致。

這些百萬富豪再投資再致富，如滾雪球，愈滾愈大的方式也不同。有的侵入產業界，用開發生產的美名作了董事長或董事，囤積原料，絞殺工業。有的侵入銀行界，收買股票，興風作浪，從囤積糧食到五金，無貨不囤，無錢不賺。有的搖身一變而為大地主，吞併小農，甚至兼併一個縣的土地。有的索性收買南美的產業股票，買整個的小島。有的把資金都轉變成美金英鎊，準備作海外寓公，也準備在戰後以新工業家的姿態來建設"新中國"。有的投資於黃金，於外匯，長袖善舞。相同的是，他們再致富的方式都是反生產，反人民利益，反民族利益，絞殺工業，絞殺農民，則並無二致。

結果，造成了一邊是流血、流汗，奔走呼號，一邊是荒淫與無恥。幾千萬的枯骨、鮮血，幾萬萬人民的眼淚與血汗，造成了這一集團的百萬富豪。

造成一個百萬富豪的代價是廣大人民的痛苦與死亡。造成這一集團富豪的代價是全中華民族的被奴役，被虐待，被屠殺；是勝利的延期，是自由解放的日子延期，是民主生活的支票的不能兌現。

富豪集團惡化了政治；政治清明，他們便無法再致富了。惡化了軍事；軍事的早獲勝利，他們的幸運便終結了。惡化了社會道德，萬般皆下品，唯有賺錢高；有正義的社會便不容許他們立足了。也惡化了文化和教育，用餓死窒死的方法，用無形的鐐銬，用有形的金錢來毒化，使智慧的果子無法生長，使正義的呼聲無法傳播。當然，也必然惡化了經濟，通貨膨脹到天文學的數字，霉米爛布、黃金外匯，一切一切，以致米成珠，薪似桂，"德政"種種，盡南山之竹，寫不完，罄東海之波，洗不淨。

戰爭怎麼會打敗仗呢？一句話是政治的腐敗。

在全世界走向勝利的今天，在日本法西斯行將就木的今天，在中國人民必須咬緊牙根，用一切力量，來爭取勝利，發動全面反攻的今天，大西洋彼岸傳來怒吼："吾人並非為製造一批百萬富豪而戰！"這是一服清涼劑，一聲獅子吼，讓我們明白為什麼而戰，為什麼到今天我們並未戰勝？

全中國人民！讓我們也一齊大吼，我們也並非為製造一批百萬富豪而戰！

面對着窮兇極惡的敵人，我們打了幾年仗。我們現在明白了，我們背後還站着這一集團的百萬富豪，是更為窮兇極惡的敵人。

背面的死敵不消除，正面的死敵將無法消滅。

去外敵易，去內敵難；內敵不去，外敵不除。人民的力量到此將遇到一個空前的考驗！

原載昆明《民主周刊》2 卷 6 期，1945 年 8 月 3 日；收入《投槍集》。

論圖籍之厄

抗戰的建國大業，綱舉目張，時賢已多論列，有一事似輕而實重，似可緩而實急，上關幾千年來先民精神神智所寄託，下為後世子子孫孫所必守的，是舊藏的圖籍的復原的問題。

從有記載以來，因內亂外患而引起的圖籍的厄運著例有十幾次，第一次是秦始皇的焚書，始皇三十四年（公元前213）李斯請史官非秦紀者燒之，非博士官所職，天下有藏詩書百家語者皆詣守尉雜燒之，所不去者醫藥、卜筮、種樹之書。制曰可。第二次是王莽之亂，劉歆總群書，著《七略》，大凡三萬三千九十卷，莽敗（公元前23）焚燒無遺。第三次是漢末的喪亂，獻帝初平元年（公元190）董卓移都之際，吏民擾亂，自辟雍東觀蘭臺石室宣明鴻都諸藏典策文章，競共剖散，其縑帛圖書，大則連為帷蓋，小乃製為滕囊，及王允所收而西者載七十餘乘，道路艱遠，又棄其半，長安之亂，焚蕩泯盡。第四次是惠懷之亂（公元300至312），京華蕩覆，石渠閣文籍，靡有孑遺。第五次是魏師入郢（公元554），江陵城陷，梁元帝焚古今圖書十四萬卷，又以寶劍砍柱令折，歎為文武道盡。第六次是大業之亂（公元618），隋西京嘉則殿有書三十七萬卷，東都修文殿有正御本三萬七千餘卷，兵起後焚失殆盡，唐平王世充，得隋舊書八千餘卷，浮舟西運，又盡沒於水。第七次是安史之亂，唐自武德以來，極意搜書，至開元天寶而極盛，兩都各聚書四部，以甲乙丙丁為次，列經史子集四庫，漁陽兵起，兩都傾覆（公元 755），尺簡不存，第八次是廣明之亂（公元 880），肅代二帝相繼搜訪，文宗又詔祕閣採書，四庫文書重復完備，黃巢亂起，復致蕩然。第九次是靖康之變，宋代圖史，一盛於慶曆，再盛於宣和，汴都陷落（公元 1127），盡為金人輦載以去。第十次是臨安陷落，南宋圖書，一盛於淳熙，再盛於嘉定，中興館閣書目有書四萬五千卷，嘉定又增一萬五千卷。伯顏滅宋（公元 1279），盡數捆載以去。第十一次是英法聯軍（公元 1860），第十二次是八國聯軍（公元 1900），這兩次外患，北京俱曾被佔領，公私藏書因之而流入海外者不可數計，著名世界的《永樂大典》，即因之而散失殆盡。到現在是第十三次的圖籍遭厄了！

　　這一次的圖籍損失的詳細情形，目前雖然無法精確說明，但就大概而論，國內人文最盛藏書最多的五個城市北平、上海、南京、蘇州、杭州已淪陷，國立圖書館如北平圖書館、故宮博物院圖書館的藏書，除掉小部分珍本圖書先期南運以外，其餘中西圖書檔案寫本全部損失。國立大學圖書館如北京大學、清華大學，私立大學如南開大學，每校都經數十年的經營購置，各有藏書數十萬冊，變起倉卒，都全部淪陷。上海的藏書，以商務印書館的涵芬樓為最多，所收地方志之多，全國無出其右，"一‧二八"之役涵芬樓被毀，上海淪陷後所有書籍自然也被敵人捆載而走。南京龍蟠里國學圖書館所藏大部多為杭州丁氏八千卷樓善本，蘇杭二地的故家和杭州省立圖書館也擁有數量極大的典籍，據說在陷落前，敵人即已精密調查，事後按圖索驥，盡數運去。至於其他城市，公家和私人的藏書損失的如山東楊氏的海源閣，南海劉氏的嘉業堂等等更不可計數。例外幸而保全的，據現在所知只有中央研究院歷史語言研究所和國立中央大學的藏書安全運到後方，算是替國家替民族保存了一點產業。

除開因戰爭而損失的圖籍以外，在平時珍貴的普通的書籍正如漏巵一樣，逐年流到海外，例如日本的靜嘉堂文庫所藏書大部是歸安陸氏十萬卷樓和皕宋樓的舊藏，陸家子孫沒落了，要賣書，國內找不到買主，只好賣給外國。美國的哈佛燕京社委託燕京大學、每年在北平以巨款收購舊書，運往美國。此外美國的國會圖書館、英國的倫敦博物院、法國的巴黎圖書館都收藏有數量極大的中國圖籍，這些書都是逐年流出的。

這一次的圖籍的損失，數量之多，範圍之廣，意義的重要，綜合起來，也許超過以前十二次的總和。因為第九次以前的書都是寫本，卷軸雖多，和後來的刻本書比，一本書要抵十幾卷，隋煬帝有書二十七萬卷，合起刻本書來，也不過幾萬冊而已。第二在內亂時所損失的書籍，除非是孤本，除非是焚毀，否則楚弓楚得，將來還有辦法可以尋訪，可以重刻。第三在外患侵入時所損失的，例如汴都的書籍入金，金亡入元，元亡歸明，臨安的圖籍運到大都，元亡後也是為明所繼承，始終未曾流亡國外。和現在相比，不但損失的數量無法計算，而且有一部分是古刻本、古寫本，一部分是孤本，而且都流出國外，其餘的數量最多的普通刻本，有的刊印時代較早，有的校刊特精，有的經學者批註，有的紙墨圖版特別考究，就版本學的領域說，都是無法補償的至寶。即使用現代印刷技術，用攝影用珂羅版覆印，也到底是贗品，和原來的價值不可同日而語。次之刻本書和現代的印書術各有短長，近代刻本的版片，經過這次戰爭，恐怕都已散失，無法重印。刻本書怕要絕跡，流出海外的普通書的重刻，工費太浩大了，也是一件不可能的夢想。就現在的情勢看，我們這一代已經感覺到讀書的困難，舊的買不到，新的書出不來，下一代人勢將無舊書可讀，我們的歷史將割成兩截，戰前和戰後，上代和下代無法取得聯繫，先民精神神智所寄託的著作不復為後人所鑽研，所景仰，這是一個意義極嚴重的問題。

要解救這厄運，我們提議幾個具體的方法：

第一，在敵寇無條件投降以後，應該把敵國的公私藏書，凡是中國文字的一律運回，內中一部分是這次被搶去的，照法理應該收回，一部分是過去被收買去的，我們以戰勝國的地位，得點戰利品也是極應該的。

第二，在盟國的公私圖書館館中的中文書籍，凡是有重本的，應該商請將重本贈送，如無重本，可以商洽派專家逐種攝影或曬印，運回後精鈔數本，分藏各地國立圖書館。

第二，國內藏書家應該將藏書種目呈報政府，政府得就需要出款收買或派人謄錄副本。

第四，聘請專家學者組織訪書機構，就過去公私書目探求現存圖籍種目，編成現存書目，然後再就此目錄校查國內所有公私藏書，標明現有者某種共有幾部，分藏地點，然後就所無者盡力搜訪，務使十年之內，恢復原有現存圖籍。

至於外國文字的圖書雜誌的復原，英美兩大盟國俱未遭戰禍，將來商請他們的政府和私人捐助，一定不會十分困難。蘇聯出版事業極發達，雖然被侵損失極大，在復興文化的立場上，也一定會給我們以慷慨的援助的。

選自《歷史的鏡子》。

論戰後社會風氣

宋人張端義在他所著的《貴耳集》中有一段話：

> 古今治天下各有所尚，唐虞尚德，夏尚功，
> 商尚老，周尚親，秦尚刑名，西漢尚材謀，東漢
> 尚節義，魏尚辭章，晉尚清談，周隋尚族望，唐
> 尚制度文華，本朝尚法令議論。

把每一個時代的特徵指出。"尚"從縱的方面，可以說
是時代精神，從橫的方面，可以說是社會風氣。

一時代有它的特殊時代精神，社會風氣，也就是有所
"尚"，這是合乎歷史事實的。成問題的是所尚的"主流"，
是發端於"治天下者"？是被治的下層民眾？是中間階層的
士大夫集團？

就歷代所"尚"而說，三代渺遠，我們姑且擱開不說，
秦以下的刑法、材謀、節義、辭章、清談、族望、制度文
華、法令議論，大體上似乎都和小百姓無干，治天下者的
作用也只是推波助瀾，主流實實在在發於中層的士大夫集
團，加以上層的提倡，下層的隨和，才會蔚為風氣，滂薄
一世。不管歷史對所"尚"的評價如何，就主流的發動而
論，轉變社會風氣，也就是所謂移風易俗，只有中層的士
大夫集團才能負起責任。

就上述的所"尚"而論，有所"尚"同時也有所弊。社會風氣的正常或健全與否，決定這一社會人群的歷史命運，往古如此，即在今日也還是如此。例如秦尚刑名，其弊流為誹謗之誅，參族之刑，殘虐天下，卒以自滅。東漢尚節義，固然收效於國家艱危之際，可是也造成了處士資虛聲，矯名飾行，欺世害俗的偽孝廉、偽君子。晉尚清談，生活的趣味是夠條件了，其弊流為只顧耳目口腹的享受，忘掉國家民族的安危。王夷甫一流人的死是不足塞責的。周隋尚族望（唐也還未能免此），流品是"清"了，黃散令僕子弟的入仕，都有一定的出身。譜牒之學也盛極一時，可是用人唯論門第，不責才力，庸劣居上位，才俊沉下品，政治的效率和綱紀也就談不到了。高門子弟坐致三公，盡忠於所事的道德也當然說不上了。宋尚法令議論，史實告訴我們，宋代的敕令格式，一司一局的海行往往一來就是幾百千卷，結果是文吏疲於翻檢，因緣為姦。議論更是不得了，當靖康艱危之際，敵人長驅深入，政府群公還在議戰議和議守議逃，議論未決，和戰未定，敵人已經不費一兵一卒渡過了黃河進圍開封了。饒是兵臨城下，還是在議論和戰，和戰始終不決，戰也不能戰，和也和不了，終於亡國。

　　史實明明白白地告訴我們，社會風氣所尚的正面，給一群特殊人物以方便，尚族望的給高門子弟以仕進的優先權，尚法令議論的給文墨之士以縱橫反覆的際會。反面呢，寒士拮据一生，終被擯斥於臺閣之外，國民殺敵破家，不能於國事置喙一字，他們的血是無代價地被這群人所犧牲了。

從歷史上的社會風氣的正反面，來衡量近三十年來的變局，也許可以給我們以一個反省的機會。

最近三十年間的變革，不能不歸功於致力新文化運動的先輩，他們負起了轉移社會風氣的責任。舉具體的例子來說，他們把人從舊禮教舊家庭之下解放出來，他們打倒了父母之命媒妁之言的買賣式婚姻，婦女再嫁和離婚已不再成為社會的話柄。受之父母的頭髮給剪掉了，纏足解放了。詰屈難解的文言代替以明白易懂的白話，對於舊的傳說和史實重新予以科學的評價，傳統的經典也從語言學比較文字學各方面予以新的意義。他們也介紹了西洋的新思想，民主與科學，奠定了新時代的學術風氣，綜合地說明這時期的社會風氣，可以說是所尚在"革"。

反面呢？破壞了舊的以後，新的一套還不曾完備地建設起來，小犧價輳，前進的青年憑着熱情、毅力，百折不回地着手建設所憧憬的樂園，他們不顧險阻，不辭勞瘁，繼續前進，要完成新文化運動所啟示的後果，結局是遇到障礙，時代落在他們的後面。他們的血匯合起來成為一條大河，滋潤後一代人的心靈，給史家以憑弔的資料。

這一轉變正在繼續邁進中，光明已經在望了，突然爆發了不甘奴役的抗戰，前後經過了七年的艱苦掙扎，創造了新的時代精神，前一時期的思想的解放，於此轉變為整個民族的解放了。

七年來的抗戰，完成了民族統一的偉業，提高了國際地位，就對外的同仇敵愾這一點來說，我們做到了史無前例，全國人民一心一德的地步。可是就對內方面說，似乎過度動盪緊張的情緒，使整個社會失去了常態，"人"重新歸納在民族抗戰的前提之下，前一時期所破壞的對象，又以另一姿態出見，另一名詞出見了。近幾年來隨着不正常的物價狂跌，安居樂業的悠閒趣味已被生存問題所威脅，隨之社會風氣也起了重大的空前的變化，這變化根本變化了個人的思想信仰，被變化了的人所作的不正常的活動，也根本促進社會風氣的再變化，循環激盪，互相因果，變化的痕跡有線索可尋，病象也極明白，舉目前能夠看出來而又可說的大概有幾方面：

第一是過去造成社會風氣的主流，所謂中層集團的漸趨消滅。這集團包括曾受教育的智識分子和小有產者。在歷史上這個集團的政治意識是最保守的，下層民眾的叛亂，多由這個集團負責任壓制和敉平，元末豪族之抵抗香軍，清代後期曾、胡、左、李諸人之對抗太平天國即是著例。這七八年來，這集團的人一小部分離開原來的崗位，長袖善舞，扶搖直上，爬到上層去了。大部分人則被自然所淘汰，固定的收入減為戰前的百分之四，終日工作所得不及一引車賣漿者流，失去產業，失去過去可以自慰的優越感，鳩形鵠面，捉襟露肘，兒女啼飢號寒，甚至倒斃路旁，冤死床第，被推落在下層。中間階層將被肅清了。以後會只剩了上層和下層，一富一貧，形成鮮明的對比。

第二是道德觀念的改變。前一時代的社會輿論，所稱揚的是有才有能的人（這類人雖然事實上並不很多），並不一定以財富為標準，著名的貪官污吏，軍閥劣紳，雖然滿足於個人生活的享受，卻也還知道清議可畏，不敢用聖經賢傳的話來強自粉飾。現在則正好相反，能弄錢和賺錢最多的是合乎生存條件的優勝者，社會並不追問他的錢是由於貪污，由於走私，由於囤積，只要腰纏萬貫，即使是過去不齒於鄉黨的敗類，也可邀遊都市，號為名流，經商入仕，亦商亦官，無不如意。至於遵守法紀，忠心職業的人，不是被排擠，就是因死病死，即使不死，也永遠無聲無臭，得不到社會的尊敬，更得不到朋友的同情，鄉黨的稱譽。道德的觀念，因社會的變革而需要重新估價了。

第三是職業的混淆與貪污。就幾年來的見聞，靠固定收入來維持生活的人，逼於環境，非兼差或兼業不能生存，有人甚至於同時兼任三四個機關有給的職務，或者兼管有倍蓰利潤的商業，不但學商不分，工商不分，連官商也不分了。東邊畫卯，西邊報到，日夜奔波，以正業為副業，敷衍了事，以兼業為本分，全神貫注，習與性成，以為天經地義，無可非議。不但作事效率無從談起，單就各行各業各機關的人事異動來說，人人都存三日京兆之心，隨時都準備作喬遷之計，人不安業，業也不能擇人，社會的國家的損失，在這種職業的混淆和流動之下，簡直是不可以數字來計算。更進一步，若干敗類藉口於收入不足以贍家養身，公開收受賄賂，營私舞弊，破法壞法，貪污成為風氣，置國法清議於不顧，大官小官，都成利藪，大事小事，盡是財源，上行下效，惘然不知廉恥之為何物，這種不正常的現象如不糾正，未來的建國大業，恐怕會有無從下手的困難。

就以上所指出的幾方面，綜合起來，就歷史系統而強為歸納，這時期所尚的恐怕是“利”！美名之為拜金主義。這是一個可怕的病態，比敵人的侵略更可怕的病症。目前如不努力設法轉變，用社會的力量來移風易俗，則抗戰雖然勝利，恐怕我們的損失將會比失敗更為可怕。

選自《歷史的鏡子》。

論戰史的編纂

　　整整打了八年苦仗，落了一個慘勝，這一戰爭無論就時間上說，從 1937 年算起，首尾有九年，從 1931 年算起首尾有十五年，或是就地域上說，未被波及的只有新疆、西藏。而且從 1941 年起還發展為全球性的世界大戰。就性質上說，這是有史以來關係最複雜，牽涉方面最多，損失最慘重，意義最嚴肅悲壯的一次對外戰爭，從敵人奴役下爭取解放的一次神聖戰爭。

　　對外戰爭之前有相持十年的內戰，對外戰爭時期還夾有時息時起此伏彼起的內戰。對外戰爭結束之後，還立刻繼以全面性的比對外戰爭規模更大的內戰，比對外戰爭更踴躍更勇敢的內戰。

　　而且，在對外戰爭被迫引起之前，還有過一長時期的不抵抗政策，不血刃而失東北四省。還有過一時期的安內攘外政策，兄弟鬩於牆而外安其侮。在抗戰前期有震動一世的焦土政策，後期則有轉進政策，通前後兩期又有所謂駝鳥政策，蜻蜓政策。

　　就國際關係而論，以 1941 年為界，前此的與國只有蘇聯，一切物資、戰鬥及技術人員唯蘇聯是賴，因之這一時期中蘇關係也最好。英、美對中日戰爭守中立，英國替日本封鎖滇緬路，美國則供給日本以廢鐵和汽油。德蘇戰爭起，蘇聯無力南顧，英、美對日宣戰，代替蘇聯援助中國的是美國，中蘇疏而中美愈親。到戰爭慘勝後，反蘇依美成為鮮明的對照。

幾千萬人犧牲了鮮血和性命，幾萬萬人在貢獻所有的一切，從票子到穀子以至兒子。慘勝以後的撫償是"五子"，人民獻出金子、票子、房子、車子和子女。政府官員和軍隊來接收，更大規模的內戰在進行。另一面呢？政府官員無一不發財，發國難財，發復員財，財富和土地更集中在少數人之手，貧者不但連"立錐土地"沒有，就連生存的權利也被接收過去了。災荒遍十七省，災民三千四百萬人。

雖然如此，對外戰爭的階段總不能不說是已經結束了，縱然有少數人還在幻想製造下一次對外戰爭。中國人民用汗用血支持了這一次戰爭，在民族解放的意義上說，一切的光榮勝利屬於人民。

中國人民也在戰爭的血泊中，磨煉了自己，覺醒了自己，堅強了自己，在政治解放的意義上，中國人民已經能夠辨別是和非，好與不好，真與假，真理和欺騙，光明與黑暗。能夠在敵人刺刀之下爭取了自由，也必然能夠在少數人虐政之下爭得了自由。

一部中日戰爭史，也就是中國人民解放史，中國民主運動史。從任何立場，任何觀點說，中日戰史的編纂是必要的，是刻不容緩的，因為這本書不止是具有偉大的歷史意義，而且還有更嚴肅的政治意義，更悠久的教育意義。

中日戰爭的結束，是慘勝的。兩個字政府和人民各得其一，勝的是政府，慘的是人民。人民爭取了勝利，而勝利的果實則屬於政府，人民慘了。然而，慘透了的人民已經在創造新的歷史。

※※※

戰史的編纂是人民自己的事情，任何集團編纂的戰史，只是某某集團的戰史，任何政黨的戰史也只是某某政黨的戰史，一個集團一個政黨的戰史，必然有所偏，有所蔽，偏、蔽的戰史決不是信史，決不是人民所需要的戰史，決不是人民自己的戰史。反之，只有由人民自己編纂，用集體方法，以人民為主體，忠實地嚴肅地寫出十五年來人民的意見，人民的好惡，人民的貢獻，人民的犧牲，人民的成就的戰史，才是無偏無蔽的人民戰史。

有了這樣一部戰史，才能昭示世界和下一世代，十五年來誰在出錢，誰不肯出錢，誰在受苦難，誰在驕奢淫佚，誰在浴血抗戰，誰在苟安後方，高唱不抵抗主義，可以明白哪一些人是戰爭的支持者，出糧食，出人力，以至出汗出血，流離轉徙葬身原野。哪一些人在走私，囤積，投機，存款於外國，貪污，營私，舞弊，以至日蹙國千里。誰要和平民主，誰在發動摩擦，以至內戰，陷國家民族於百劫不復的苦境。

有了這樣一部戰史，用事實告訴今天和未來的選民，在運用選舉權時，有了自己的選擇。

有了這樣一部戰史，才能徹底消滅內戰。鐵的史實昭示人民以選擇，不但可以做到"亂臣賊子"懼，而且還可以在人民的選擇之下，肅清了排除了"亂臣賊子"。武力解決不了的問題，只有用過去的史實來解決，國事取決於人民的公論，內戰才可永不再起，永不能起。

人民戰史的編纂，是刻不容緩的工作。這工作應該由人民自己的史家來肩荷。每一個人民史家都是編纂人，每一個人民都是審閱人，校訂人。

這本書的內容將充滿了淚與血，將充滿了憤怒與抗議，也必然充滿了希望與光明。

五月二十二日於重慶

原載《中國學術》第一期，1946 年 8 月。

致鄭振鐸（1945年）

西諦先生：

　　一別便是十年，世界整個變了，我們也已經變了。

　　從《求書目錄》和《蟄居散記》上知道你這八年來的情形，可是我卻沒有法子把所經歷的告訴你，只好見面再談。

　　我們的《民主》週刊出到一卷十七期了。最近讀到你的《民主》週刊，極高興，雖然隔了八年，相距這麼遠，想的說的還是不走樣。

　　此地物價貴，週刊一期的成本，每份六七十元，賠累不堪。寄到上海賣是辦不到。反之你的週刊卻可以在昆明大賣特賣。敝社可以義務服務，批發給各書店。

　　我們希望兩個刊物的文章可以互相轉載。尤其是我們的，願意棄版權，歡迎滬上一切刊物轉載。這一期我們已經替你們登了廣告了。

　　昆明有平津的三個大學底子，過去是相當熱鬧。最近沉寂一點，原因你大概可以體會得到。刊物除《民主》外，有《時代評論》、《婦女旬刊》、《人民大路》、《昆明新報》、《文革新報》、《獨立周報》等等，執筆的大體都是三大學的人。（當然還有反動的吧兒狗刊物，如《自由論壇》週刊之類）

　　物價貴得使勝利前的上海人嚇死。一放爆竹，暴跌了一下，隨後過節又漲回去。再一放槍，就又復原到原樣了。一般生活情況以自己例，我的薪水可以拿十多萬法幣，足夠維持二十天，其餘的日子不靠賣稿，只好吃風。八年沒有做衣服，穿的睡的一塌糊塗，上身下身全是線，勉強過了這幾年，今天算是到了最後崩潰的關頭了。

說回來，過得苦，卻還活得好，而且還想活下去，這一點意義不能不說是這八年的鍛煉所昵。

吳晗上

原載上海《民主》周刊，1945 年第 10 期。

聞一多的 "手工業"

一多時常苦笑着說："我是手工業者！"

因為雲南出象牙，昆明文廟街一條小巷裏，面對面不過二三十家店鋪，倒有十幾家象牙鋪。送來刻的全是象牙章，（石頭不大有好的，他床邊小桌上放着一排排的待刻圖章，極少有石章。）刻牙章，尤其是老牙，要使很大勁，出一身大汗。他的右手食指久而久之就長着老大一個疙瘩。

一多在美國原來是學美術的，會描字，也學着刻圖章。潘光旦先生有一顆石章就是他二十多年前的作品。那時還是刻着玩，不太高明，有一次在潘家聊天，他還拿起這顆舊章，笑着說，到底進步一點了。

他會寫篆字，寫甲骨文，寫金文，書桌上經常放着一堆古文字學的書，也寫過不少篇關於古文字訓釋的專門文章。有一次談起他的一個詩人學生，很多人說此公閒話。一多慨然長歎一聲，說他也上過當。這人起先跟他談新詩，後來談的更多的是古文字學，一多每有新見，一談得透徹，不久，此公便著為文章發表了。從來不提誰曾說過這個話。也有幾次，還沒有十分肯定的見解，隨便說了；不久，此公又有文章了。說聞一多曾有此說，其實是錯的。應作如何讀，如何解云云。如今，此公已經自成一家了，來往也就不十分勤了。當時，有人插嘴，為什麼不把這些怪事揭穿呢？他笑了，不往下說了。

圖章刻多了，晚年手有些發抖，寫小字有點感覺困難。在昆明正式刻圖章，靠這行手藝吃飯，時間大約是1942年的夏天。

開頭似乎是聯大一些朋友閒談引起的，大家都為吃飯問題所苦惱，一月的薪水，儘管省吃儉用，只能管十天半個月。有的教授太太學繡花，繡些手絹圍巾賣給美國兵。有的先生們兼業，掛牌當律師。有些人索性學而優則仕。也有插一腳到工商界去的，有一個教化學的就開廠造酒精發了財。剩下這些文學院的人，學術文章是不值錢的，也沒有地方可發表，一無看家吃飯本領。談而又談，忽然想起，寫字也可以賣錢呢，跟寫字連得起來的還有畫畫刻圖章。於是，在昆明城北北門街聯大教員宿舍附近，北門書屋（李公樸先生經營的）對面的一間房子，有一天掛上三友金石書畫社的長匾賣字賣畫刻圖章。我記得掛的字以雲大教授胡小石先生為最多，畫則幾乎全是公樸的岳父張小樓老先生和公樸夫人張曼筠女士的，圖章要人送象牙來才刻，當然看不見。

記得還有過一個小啟，是浦江清先生起的稿，駢麗四六，很是典雅，裏面"程瑤田之長鬃飄拂"，指的便是一多。

以後，在青雲街逼死坡上和華山南路正義路的幾家文具店都有一多治印的廣告，白紙上貼了二十幾個各式字

236

體的圖章樣子，右面附上長條的印就的潤例，外裝玻璃框。潤例開頭似乎是石章每字二百，牙章四百，過大過小不刻。後來物價漲了，漸漸改到石章每字一千二百，牙章二千。照規矩收件的鋪子要收十分之二的經手費，直到《民主周刊》創辦，在西城府南道有了社址，《周刊》和《時代評論》上替一多登義務廣告之後，收件以周刊社為最多，才稍稍免去了這層剝削。

刻圖章不費什麼本錢，只要一把刻字刀，和對古文字的了解，字的結構排列要有藝術意味，古雅而不俗。一多恰好具備了這些條件，就靠這一行來養家。

他告訴我，最重要的是構思，人的姓名，每一個字的筆畫，有繁簡，如何安排繁簡不同的字，在一個小方塊子裏，得要好好想。其次是寫，用鉛筆畫底子，刻一個愜意的圖章，往往要畫多少次才挑一個用墨上石。再後便是動刀了。這段最費力，老象牙尤其費事。刻好粗坯子以後剩下便是潤飾的工夫。最後，用印泥試樣，不愜意再加雕琢。一切都合式了，在印譜上留下幾個底子，剪下一個和原章用紙包好，標上名姓和收件處，這件工作才算結束。

一間房子是臥房，是書房，也是會客室，客人坐在床上，板凳上，他在窗前迎着光，一面刻圖章，一面和朋友談話。

這樣，他這一家在戰爭的最後幾年，倖免於飢餓。

然而，他是痛苦的。因為佔去上課以外的大部時間。

為了刻圖章，不能有計劃地有系統地讀所要讀的書，不能有計劃地有系統地寫所要寫的文章。更痛苦的是為了這個，剝奪了他的自由，剝奪了他所最寶貴的時間，當他在出席一個演講會或座談會、討論會之後，不能不在深更半夜，還低着頭在燈下做他的苦工。

圖章來得多的時候，他歎氣，因為這會妨害了他所獻身的工作。圖章來得少的時候，他着急，因為這些天的菜錢米錢又無着落了。

刻牙章，過去沒有經驗。當學刻的第一天，使盡了力氣，花一整天的時間，刻不好一個。他難受極了，幾乎哭出聲來。第二天再試，改變用刀的方法，行了。他在幾年後和我說這一段故事時，眼泡中還含着眼淚。

於此，我泄漏了一個小祕密。他的手工業還是家庭手工業。當刻圖章已正式成為職業之後，大兒子立鶴、二兒子立鵬也學會這手藝。孩子們手勁大，使得力氣，四段工作中就代勞了第三段，刻粗坯。

他的印譜本子是孫毓棠送的。毓棠出國前從重慶帶來。另外還有一張舊籐椅，書桌是兩條木凳架起來的長木板，幾把小刻刀，一支鉛筆，還有一塊小青石，是磨刀用的，這是他的全部生產工具。

他替我刻過兩個私章，象牙的一個是離昆前刻的。另一個是石章，現在還寄放在昆明。

時代評論社章具有歷史的意義。在刻這圖章前兩星期，我在逼死坡文具店用一千元買到一塊舊石頭，長方形。一邊刻有雙魚，他也很喜歡，誇我眼力不錯。問願意刻什麼字．，是一句詩，還是連名帶字刻在一起？我說，隨便，你喜歡怎麼刻就怎麼刻吧！不久，時代評論社成立了。要一個公章，他就自告奮勇，連帶也替我捐獻出這塊石頭。十月三日的早晨，在槍聲炮聲中完成這件藝術品。刻完，興匆匆地走來說："今天我做成一件事，很得意，你來瞧瞧。" 我看見也很高興，連說好極了。又問："你沒有聽見槍聲嗎？這樣密，這樣響，虧你靜得下心！"他說："昨夜晚就有一些聲音了，管他呢！我今天高興做我自己的事情！"

炮火聲愈來愈密了，大街小巷滿是國軍。斷絕交通，連大門也出不去，到中午我們才弄明白是內戰，國軍炮轟五華山，解決主滇十八年的龍雲。這樣，我們這些流亡者，過了八九年戰爭生活，第一次看見了戰爭，被置身於炮火中，聞得火藥味。

四月二十五日夜於清華園

選自《史事與人物》。

悼朱佩弦先生

佩弦先生的死，對於中國人民，中國民主前途，中國文化學術界，都是無比的損失。

我和佩弦先生的關係，可以說是在師友之間。二十年前我進清華讀書時，他已在清華當教授，雖然系別不同，沒有聽過他的課，因為他是《清華學報》的編輯人，我常寫論文在學報發表，因之也就認識了，一直到現在為止，他是在文字上口頭上叫我原名春晗的少數前輩中間的一個。

學校南遷以後，幾千人擠在一個小城子裏，見面的機會反而比在北平時多了，生活上比較接近，彼此間的了解也比以前更多。

復校以後，為了編輯聞一多先生遺著，經常有問題要商量解決，不但常見面，也時常通信。

不料一多全集正要出版，他已經不及見，繼亡友而去了！

兩年內統計有他的二十多封信，都是關於一多全集的，幾年來的習慣，不保存友朋信劄，這些書簡也沒有例外，更以為承教之日方長，又誰能料到，誰能忍心料到會有這一天？

到今天追悔也無法補救了！

※※※

整飭、謹慎、周到、溫和、寬容、高度正義感，加上隨時隨地追求進步，這些德性的綜合，構成了佩弦先生的人格。

和一多相反，在性格上，他屬於溫文爾雅一類的典型，從來不會放言高論，聲震屋瓦，也不會慷慨激昂，使人興奮共鳴。無論是私人談話或是公開演講，總是娓娓而談，引人入勝。文如其人，文字上的表現是細膩、穩到、心平氣和。拿酒來譬喻，一多是烈性的，佩弦先生是遠年陳紹，可口而力量大。

性格上的整飭，也表現在服裝上，無論在任何場合，任何季節，衣服雖破爛，總是穿得很整齊，終席無惰容。因為多病，服裝的季節性要比一般人提早，去年十一月有一次去看他，穿着大棉袍，腳下一雙大毛窩。今年七月十五日晚上，聞一多紀念會，他出席講演，這晚上極熱，我們都脫去上衣，只有他，一直到終場，沒有脫衣服，也似乎不很出汗。

處世作事，小心謹慎，從來不曾得罪過人，當然，更不會阿諛。教了幾十年書，總是那份"如臨深淵，如履薄冰"的態度。作一件事，事先考慮周詳，不輕於允諾，也決不翻悔，改變主意。誠實，坦白，是是非非，表裏如一。幾年來，在昆明，在北平，朋友們經常對國事發表意見，徵求他簽署時，大部分是毫不猶疑的，著例如北平十三教授的人權宣言，就是他領銜發出的。最近拒絕接受美援的宣言，也有他的名字。提到這件事，應該鄭重指出，在另一篇悼文中，我曾經這樣寫，臨終前兩天：

> 有人說，他告訴太太："有一件事千萬別忘記，我是簽字在拒絕接受美國救濟物資宣言的人。"

以後便沒有說過話了，這句話是他唯一的遺囑。今天晚上，有當時目擊耳聞的人證實了這件事。

不過，在有的場合，他會告訴你："請原諒我，也許是年歲太大的關係，太刺激的文字於我不適宜。你們要鬥爭是可敬的，不過，我得慢慢地來。"用充分的同情送出大門。

七月二十三日上午十一時，他出席一個公共集會，討論知識分子今天的任務，他除了指出知識分子有兩種，一種是朝上爬的，幫兇幫閒的，一種是向下的，為人民服務的。並且坦白地承認："要許多知識分子每人都丟開既得利益不是容易的事，現在我們過群眾生活還過不來。這也不是理性上不願意接受，理性上是知道該接受的，是習慣上變不過來。所以我對學生說，要教育我們得慢慢地來。"

事實上，幾年來他確實是在向青年學習，他出席每一次學生所主持的文藝座談會，討論《李有才板話》、《趙家莊的變遷》、《王貴和李香香》，提出極精到的意見。他發表《標準與尺度》一文，指出今天文學的道路。在同樣的場合，領導朗誦詩，親自參加集體朗誦。並且，還參加本系師生新年同樂會，化裝扭秧歌。朗誦詩和扭秧歌在青年人也許是家常便飯，但是，一個五十歲的老教授，一個學系的主持人，意義就不同了。他走在時代的前面，和青年人肩並肩，走得並不慢。

七月十五日，他出席四個會，其中一個似乎是交代系務，因為他下學年休假了。第一個會是聞一多遺著整理委員會的最後一次集會，他報告了遺著整理和出版的經過，以及有關事項的處理決定後，宣告這個會的解散。（這些情形我是親自參加，知道得明明白白的。過幾天清華校刊登出這會的記錄，上午代國文系主任浦江清先生寄一份校刊給我，到下午又收到同樣一份，封面上寫着朱寄）第四個會是晚上的一多紀念會。過幾天他就病了，二十三日那個會，勉強扶杖出席，沒有吃飯就走了。

為了一多的著作，這兩年內花去了他大部分的時間，沒有他，這部書是編不成，出不了版的。

大約在一個半月前，校內一個送別休假同人的宴會，飯前飯後我們談得很多，談到畢業同學的苦悶，有許多學生在抱怨學了許多×××之類的科目，對今天的局面了解一無裨益。甚至有些課是專門應付教育部功令的，從不上課，教授官僚化，學系變成衙門。他感慨地說，這問題太大，牽涉太多，不能談。不過，也不是絕對沒辦法，比如國文系，他主張着重現代和近代，從後向前推，這樣，學生縱然不知古，至少也可以通今，不枉作一個現代人。

　　國文系的同人和學生對佩弦先生的看法，同人認為是最好的同事，最理想的系主任，系中大小事務，從聘請教授到指導學生研究，都召開系務會議決定，議案通過以後，執行的情況，或者稍有變通的地方，他照例一個個分別用書面或口頭通知。平時有一定的時間在系辦公室處理系務，選購圖書。學生感激他上課時候的認真，更喜歡他在課堂以外的講演和指導，他和同學一起討論，一起研究，一起玩，是可敬的師長，是親愛的父兄，是民主的學者。

　　害胃病多年了，尤其是對日戰爭這幾年，家眷住在成都，單身在宿舍吃包飯，陳倉爛米，加上種子沙粒，營養談不到，健康一天天被侵蝕。回到北平以後，還是過的苦日子，成天要為柴米油鹽發愁，課務系務以外，用全時間來寫作，過度的工作更損壞了體力，單是這半年，就犯了三次嚴重的胃病，進醫院以前的體重只有三十五公斤。胃潰瘍，十二指腸也壞了，割治後轉成腎臟炎，又變成肺炎，終於不治。

　　一年前，有一天他告訴我，第二個孩子在南京作事的，寄了五十萬元來，心裏很難過。

　　在醫生說必需立刻進醫院割治以後，為了借錢，到處張羅，耽誤了一個半鐘頭。其實，要是在十年前，他一定不會拖到這樣嚴重的情況，早就進醫院割治了。

我敢相信，假使他生在一個和平的中國，民主的中國或者早生、晚生二十年，他不會死，至少還可以再為人民工作二十年。

然而，他恰恰生在這個時代，史無前例的激烈內戰時代，既不要文化也不要學者的時代，他營養不良，他過度工作，他久病，他死了！

最後，應該說明的，雖然在“黨化”教育的大帽子下，連學校的行政人員都有不能免於黨籍的自由，佩弦先生似乎沒有成為黨員。另一面，雖然提倡朗誦詩，讚揚趙樹理，甚至化裝扭秧歌，這些行動在今天都是可以構成送到特種刑庭的罪狀的，佩弦先生的朋友也可以用直覺來保證他決非另一黨的黨員。他是獨立的、自由的、進步的作家，學者，教授，人民的友人。

八月十六日晚於清華園

原載《觀察》第 5 卷第 1 期，1948 年 8 月 28 日；收入《投槍集》。

陶行知先生在上海的回憶

　　我和陶行知先生一共見過三次面。

　　第一次看見陶先生是去年六月二十一日。

　　我從昆明到重慶，為了等飛機，在重慶獃了一個多月，曾經有兩次機會到陶先生所主持的社會大學演講，這時陶先生已經束下了，沒有見面。

　　六月二十一日早晨八點鐘，大同大學學生請我去演講，到場時看見佈告，知道這天演講的人還有王造時先生，講演在露天廣場舉行，學生們正在接洽播音器，裝置電線。我坐在第四排長條凳上，太陽曬着。正感覺到有點無聊時，忽然看見進來一個中年人，方方的臉，穿一身黑色破爛的中山服。招待的學生請他坐在第一排，不一會學生們又陪他走進大樓去了。我在想，這人一定是王造時先生，不會錯。

　　到九點多鐘，播音器安好，廣場上坐滿站滿了人。主席宣佈開會後，我正要上去說話，突然發生紛擾。大約有這麼五六個學生擠上主席臺，大聲嚷着說他們要說話。主席解釋說已經請了兩位先生來演講了。這些人不依，說，為什麼校外的人可以說，本校的反而不能說。鬧得不可開交，主席只好請聽眾表決。結果全場舉手願意聽我講。在學生保護下我走上了講臺。不料剛開口，電線被切斷了，停了幾分鐘，再說時，又被切斷了。我決定不用播音器，大聲嚷，嚷了十幾分鐘，把話結束了。因為有一點要緊的事先走，沒有聽到"王先生"的話。

下午看到晚報，大同大學另一位演講的人是陶行知先生！原來王先生不知道有什麼事不能來，臨時陶先生卻被拉來了。

我第一次看見陶先生，可是沒有同他講話，也沒有聽到他講話。

當天下午，上海市長吳國楨先生到大同大學訓話，第二天清早吳市長又到大同，勸阻學生反內戰，據說還賭了咒。

兩天以後（六月二十三日）上海市民十萬人歡送代表進京請願，舉行反內戰大遊行。

第二次看見陶先生在一個月後，七月二十三日下午三時，地點是愚園路民社黨黨部。

這一天我們在開會商討李公樸聞一多先生的紀念集如何編集印行，到會的有十幾個人。開會前有人談起陶先生不能來，因為他是黑名單上的第二名，好幾天來在晝夜工作，親自編集所著詩文，和還債 —— 把答應友人的文字債全部清理，忙得寢食俱廢。

不料正說話時，陶先生來了，還是穿那一身衣服，坐在我旁邊。他說起為什麼會榮膺黑名單上的榜眼，原因當然很多，近因之一是大同大學的演講。

我問他那天演講的情形，他說，他也不用播音器，直着嗓子喊。那一批搗亂的人也換了辦法，喊口號，和演講的聲音抵消。他一想，也改變方法，有人喊口號的時候，就休息，等他們喊累了，插進去說一段。又喊起來時，再停，等不喊了，再說。如此一停一講，原來準備講十分鐘的，拖了三十分鐘，到底還是說完了要說的話。

接着他提出兩件該辦的事：第一件他認為應該組織一個國際性的人權保障會，他舉出一些在上海居留的國際知名民主人士，大家都同意，並推定他負責籌備。

第二件他提議洪門領袖司徒美堂先生已經到上海，過去曾和司徒先生見過面，談得極好，我們應該招待一次，說明我們的主張和看法。當場推定十五個人作主人，陶先生是主人中的主人。客人也是十五位。時間是七月二十五日下午四時，由他負責去請，地點借民社黨黨部。

前一件事後來由劉王立明、沈體蘭、馬夷初諸先生繼承陶先生遺志組織起來了，半年多來做了不少事。

後一件事，到今天在我還是一樁最傷心的回憶。

七月二十五日下午一時，我因為李聞紀念集（後來出版時，題名《人民英烈》，總其成的是郭沫若先生）的事情，要和沈鈞儒先生談一談。沈老先生的住所就在民社黨黨部正對面，特地提早時間，打算談好了再赴約會。到了沈老先生住所，正叫門時，三樓上窗口沈謙先生（衡老的長公子）伸出頭來和我招呼，說是衡老出去了？問到什麼地方去了？回答是行知先生死了！這真是一個晴天霹靂，出乎意外的惡消息，我被打擊得糊塗了！問怎麼死的？是自己死的還是被害死的？說是中風。又問是真中風還是中毒？說確是中風，剛才得到消息，衡老就帶他去診斷，沒有希望了，才回來。

帶着無比的悲痛，不可言說的感情，拖着腳步走到對面。

一算，三個了！十一號李公樸先生，十五號聞一多先生，今天呢，又是陶行知先生！

如此人才，才都不過五十左右。以他們的學力，志趣，人格，領導群倫，倡爭民主的努力，對民族，尤其對青年所起的作用，一百年兩百年也培養不出這樣的人來，然而，不過半個月，一個接着一個倒下去了！

在腦海中，我回憶到過去兩次看到陶先生，他憂憤，悲愴，焦黃的臉色，悲天憫人的胸襟，百折不撓的氣概。如今，再也看不到了，民主陣線的將星隕落了！

走進門，孫寶毅先生也得到消息了。接着張雲川先生也來了，一進門就嚷，行知先生遇難了，說是有人打電話告訴他。接着許多朋友都來了，我向他們報告剛才沈謙先生所告訴的消息。

在沉默中，大家黯然追述行知先生的生平。

在重慶，為了育才學校，為了社會大學，他四處奔走，捐款維持，無論多遠的路，無論是炎暑還是在風雪中、霖雨中，他從不坐人力車，拖着兩隻疲乏的腳，深更半夜回到學校。

他刻苦自己，自奉最薄，過度低劣的飲膳，竟致縮短了他的生命。可是他的汗，他的奶，他的工作，孕育了，滋養了，建立了數不清的民主事業，數不清的民主青年。

他一向血壓高，可是從不告訴人，默默地工作，加緊地工作，為了自己這一代，更為了下一代。

大家在流淚，在啜泣。

不一會，客人先先後後來到了，有的來自舊金山，有的來自紐約、華盛頓，有的來自阿根廷、巴西、祕魯、墨西哥，有的來自英倫，來自歐洲，來自南洋，說着生硬的國語，向大家問好，眼光都在尋找一個他們所熟悉所愛慕的人，主人中的主人。當我們流着眼淚，告訴出這個噩耗時，他們一個個都哭了。

最後，司徒老先生進來了，高大的身軀，滿頭白髮，一聽見這消息，笑容立刻從他的臉上消失，失聲地叫出哎呀！哎呀！接着，我看見他臉上有兩條淚痕，這可敬的老人頹然坐下，有好半天沒有說話。

到六點多鐘，衡老才帶着過度的疲乏趕來，這天，他從上午十點鐘一直忙到這時候，沒有離開行知先生一步。

在焦急、悲痛的錯雜情緒中，衡老報告了行知先生逝世的經過。

第三次看到行知先生是在殯儀館。

門口擠滿了人，裏面也擠滿了人，青年人，中年人，老年人，學生，教員，工人，文化人，國民黨，共產黨，民主同盟和其他黨派的人。在這地方我看到了所有在上海的熟人，也看到所有代表上海各階層的最優秀的人，每一個人都懷着最悲痛的心情，來告別這一位最被敬仰最被信任的民主戰士，一代哲人。

我被擠在人群中，擠得喘不過氣來，我在聽郭沫若先生朗誦祭文，他唸一句，像一顆炮彈，打進人群的心坎，愈唸愈高亢，悲壯，激昂，又像一首用機關槍子彈所組成的長詩，掃射了醜惡、齷齪和無知，消滅了陰險、狠毒、腐爛的現實，不由得又想起聖經上的話："種子撒下去了！"

是的，種子撒下去了。行知先生是種子，是鹽，是黑暗中的燈塔。一個星期以前，我又看到一次陶先生，是陶先生的相片。在一個集會中，一位年青的國際友人，散會時，他帶了一本小冊子，翻出一張行知先生的半身六寸像，還是那一副眼鏡，那一身黑色中山服，那一種悲天憫人的面容。他問我認得這個人嗎？接着他以極矜持而喜悅，幾乎是愛慕的聲調說："行知先生，我的先生和朋友，我一生的驕傲。"

五月二十四日於清華園

收入《史事與人物》。

記張蔭麟（1905—1942 年）

在九年苦戰中倒下去無數手萬的戰士，是他們的血和生命換取了民族的解放。這些戰士他們的名字不為人所知，他們的功績被少數人所篡竊了。

在九年擊戰中，倒下去另一些值得後人永遠紀念的人物，他們堅守崗位，忍飢受寒，吃下去的是草，卻用奶來養育下一代的成員。他們被貧窮，被疾病所侵蝕，放下筆桿，永遠不再說話了。如今，這些人的名字也漸漸在湮沒中。

在後一類人物中，我的朋友張蔭麟是其中的一個。

蔭麟死去已經四周年，十月二十四日是他的四周年祭。

在他死後的兩星期，在昆明的朋友曾經有過一個追悼會，此後幾年似乎大家都不大想得起這個人了。

在他死後的一個月，我曾經寫信給浙大張其昀先生，表示願意替蔭麟整理並出版遺作。張先生回信說，這些事浙大都在做，無需重複了。不久之後，張先生去美講學；隔了兩年，張先生回國，蔭麟的著作似乎毫無消息，到今天還是如此。

蔭麟生前已刊的書，為青年所愛讀的《中國史綱》，被某書店所盜印。這書店的主持人似乎還是蔭麟生前的同學。為了這問題，我和賀麟先生曾幾次去信質問，得不到肯定的答覆。到如今還是懸案。

最痛心的一件事，為了給蔭麟留個永遠紀念，我和賀麟先生、馮友蘭先生一些朋友，在那生活極端困難，教書人無法撐下去的年代，一百元二百元地募集了一萬元基金，決定在清華大學歷史系和哲學系合設一個蔭麟紀念獎學金，以利息所得大約每年二千元來補助兩系的高材生。因為金額少，而蔭麟的工作又是兩系兼任，因之，決定兩系輪流，隔年補助。這筆錢交由馮友蘭先生保管。可是，如今，不但每年兩千元的補助無濟於事，即連基金總數也不夠一個學生一星期的伙食！想想當年，從一個窮教授口中挖出的一百元，卻夠他一家一星期的生活費！

去年我得到消息，蔭麟離婚的夫人又結婚了，兩個孩子也帶過去撫養。浙大復員回杭州了，蔭麟的孤墳被遺忘在遵義的郊外，冷落於荒煙蔓草中。聯大復員回平津了，蔭麟生前所篤愛的藏書，仍然堆積在北平東莞會館。

這個人似乎是被遺忘了。

為了他生前的工作和成就，為了他的書仍然被青年所喜愛，我想，這個人是不應該被遺忘的；雖然，就我個人說，恐怕終我這一生，也很難對這樣一個人失去記憶。

我願意向社會，特別是學術文化界，尤其是歷史學部門的朋友，提起張蔭麟這個人，他的一生。

蔭麟於民國二十一年十月二十四日，病歿於貴州遵義浙江大學。致死的病症是慢性腎臟炎，距生於清光緒三十一年十一月，享年僅三十七歲。

蔭麟是廣東東莞人，由於早年求學和中年作事都在北方，說一口普通話，相貌和眼神也看不出來是廣東人。晚年臉色老是蒼白，到死後，我們才明白那是患腎臟炎者所特有的一種病態。

蔭麟自號素癡，投稿多用為筆名。這個號是相當恰當的，在這樣一個社會裏，他那種專心一志、心不外鶩的神情，是合於"癡"這個字的意思的。

他天分特別高，聰明、早熟，在清華學堂當一年級生時，就被同鄉學者梁任公先生所賞識，以為將來必有成就。他在報紙和國內第一流專門學術刊物上所發表的文章，不知道的人還以為作者是位教授呢！

1929 年畢業後到美國斯丹福大學學哲學。1933 年回國任清華大學歷史學系教授。1935 年受教育部委託，主編高初中及小學歷史教科書。盧溝橋變起，隻身南下，任教於浙江天目山的浙江大學。不久，返東莞原籍。由北大、南開、清華氣大學所合組的國立西南聯合大學在昆明開學，又來昆明執教。1940 年應遵義浙江大學之聘，到貴州講學，一直到死在他的講座上。這是蔭麟一生的學歷和履歷。

蔭麟早年在清華就學時代，對中西文學、歷史、哲學都曾下過功夫，經常在《大公報·文學副刊》、《時代思潮》、《學術》、《燕京學報》、《清華學報》發表著作，文筆流利生動，才名震一時。從美國回來後，治學重心一變，專門研究歷史。他嘗說只有國史才是一生志業所在；過去弄哲學、社會學，無非是為歷史研究打下根基，學哲學是為了有一個超然的客觀的廣大的看法，和方法的自覺。學社會學是為了明白人事的理法。他的治史方法是從作長編下手，以為宋李燾所著《續資治通鑑長編》，搜羅史料多，辨別標準嚴，不苟且，不偏徇，是歷史上最科學最有意義的大工作。

他創編高中本國史的計劃，第一步是擬目，先把四千年的史事分為數十專題。較量輕重，廣徵意見，修改了多少次才定局。第二步是分工，漢以前由他自己執筆，唐以後歸我負責。其他專題分別邀請專家撰述，例如千家駒先生寫鴉片戰爭後的社會變化，王芸生先生寫中日戰爭等等。第三步是綜合，稿子都齊了，編為長編，再就長編貫通融會，去其重複牴牾，加以精神生命。不重考證，不引原文，儘量減少人名地名，以通俗明白之文筆，畫出四千年來動的歷史，目的在使此書可讀，使人人能讀此書，不但熟習國史，而且能有一個客觀的看法。這工作前後搞了兩年，長編完成了大半。盧溝橋戰起，蔭麟先走，沒有帶出一個字。四十天後我也到了昆明，設法謄錄長編成稿已經發表的一部分。不久蔭麟也到昆明來了，住在我家，見了這錄稿，高興之至，立刻補撰第十章改制與易代和自序，作為《國史大綱》第一輯，也就是現今坊間刊行的本子。不知怎麼弄的，也許是蔭麟的不小心，作者署名是楊蔭麟，我見到這書時，蔭麟已去遵義，沒有去信問，蔭麟也就聽之，不去更正了。

自序指出這本書的標準有四：一、新異性的標準（Standard of Noveth），史事上有"內容的特殊性"，可顯出全社會的變化所經諸階段，在每一階段之新異的面貌和新異的精神者。二、實效的標準（Standard of PracticalEllect），史事上直接牽涉和間接影響於人群之苦樂者。三、文化價值的標準（Standard of CultureValuea），即真與美的價值，文化價值愈高者愈重要。四、現狀淵源的標準（Standard of Genetic Relation with Present Situation），追溯史事和現狀之"發生學的關係"（Genetic Relation），而不取過去史家所津津樂道的"訓誨功用的標準"（Standard of Didactic Utility）。以為近代學術分工，通史的任務不在着重鑒戒或模範，和別的學門重床疊屋。經過這四個標準的取材，還得貫通以四個範疇來駕馭"動的歷史的繁雜"（Changing Historical Manifold》：第一是因果的範疇，第二是發展的範疇，這兩範疇是並行不悖的。發展的範疇又包括三個小範疇：一、空間的發展（Felcological Development），二、演化的發展（Evolutional Development），三、矛盾的發展（Dialetical Development），兼用此四範疇，期於將歷史中認識上的"偶然"儘量減少，才能圓滿完成歷史家的任務。

　　他又以為過去我們所受的歷史教育，小學有一套國史，從三皇五帝到宋元明清；初中又有一套，亦是從三皇五帝起到宋元明清；高中再有一套；到大學還是這一套。譬如四枚鏡子，大小雖然不同，可是所顯出的還是一模一樣，原人、原地、原事，這實在是浪費青年的精力和時間，被強迫重溫再溫可厭倦的一套相同的雜湊的機械的史實。而且，人名地名數量之多，也使人疲於記憶，懶於翻讀。要矯正這缺點，必需從根本來改變各階段課本的內容，第一，小學國史應該以人物為中心，選出國史上可以代表每一時代精神的人物，譬如說吧，由孔子到孫中山，或者是曹操、武訓，用寫故事的體裁，烘托以每一時代，應該知道的大事。第二，初中國史以大事為中心，分兩冊：一、民族篇，述中華民族之形成和先民的業績（摒棄大漢族主義一套的理論）。二、社會篇，述社會、政治、經濟、一切典章制度的演進，生活的進步，事為首尾，互相溝通。第三，高中國史，以時代為次，綜述人、地、事，融會而貫通之。這三套有一個共通原則，就是要求其可讀，文字和內容都要通俗生動，能夠吸引讀者，使之愈讀愈有味，才算合於標準。

蔭麟的治史方法論和歷史哲學大體上就是如此。

　　蔭麟不是一個世俗的收藏家，不大講究版本，可是生性喜歡收書。限於財力，收藏的書其實不夠多。留美時省吃省穿，剩下的錢全給弟妹作教育費。到在清華服務的時候，才能有一點點剩餘的錢收買舊書。開頭裝不滿一個書架，慢慢地有好幾排書架了。到離開北平前，他的小書房架上、桌上、椅上、地板上全是書，進出都得當心，不是碰着頭，就是踩着書。所收的以宋人文集為最多，大概有好幾百種。又在廠甸、隆福寺各冷攤搜集辛亥革命史料，得一百幾十種，打算繼續訪求，期以十年，輯為長編，來寫民國開國史。1937 年春天，我們一同跟着清華歷史系西北旅行團，到長安、開封、洛陽遊歷，我在開封相國寺地攤上，偶然得到排印本的《中興小紀》，記清同治史事的，傳本頗不多見。蔭麟一見便據為己有，鬧了半天，提出用《四部叢刊》本明清人文集十種對換。看着他那貪心樣子，只好勉強答應。蔭麟高興極了，立刻塞進他的行李袋，再也不肯拿出來。回校後我去討賬，他在書架上東翻翻西翻翻，翻了大半天，都不大捨得，只拿出《牧齋初學集》、《有學集》兩種塞責。幾個月後，清華園成天成夜聽見炮聲，蔭麟也在日夜踱踱書房中，東摸摸，西靠靠，看着書歎氣，最後才一狠心，告訴我儘量搬吧，儘量寄出去吧，只要你搬得動，寄得出去。到他離平後，他夫人一股腦兒給搬進城，到今天，他的書還寂寞地堆在原來的地點，無人過問。

收書之外，清談也是，他的癖好。湊巧我們在圖書館的研究室只隔一層牆，他懶散慣了，書桌永遠亂糟糟一大堆，便成天到我房裏，又不肯規規矩矩，一屁股坐在桌上，或者斜靠着圈椅，兩隻腳平放在桌上，一面大抽其紙煙，隨吸隨吐煙圈，噴得滿屋子烏煙瘴氣，一面敞開談鋒，從大事到小事，從死人到活人，從生人到朋友，從哲學到歷史，無所不談，談必談到興盡，有時甚至忘了吃飯。偶爾我厭倦了，他覺得無聊，拿起筆就替我改文章，一把小剪子，一瓶漿糊，貼來帖去不厭煩，搞完就拿去給《大公報‧史地周刊》，憑你願意也罷，不願意也罷，他全不管。有時被改竄得生氣，吵開了，還是不管。我常笑他好為人師，他笑着說去年你假如選我的課，我還不是夫子大人，由得你吵嘴？

也許是哲學書唸得太多吧，喜歡深思，在大庭廣眾中，一有意會，就像和尚入定似的，和他談話，往往所答非所問，不得要領。生性又孤僻，極怕人世應酬，舊同學老朋友碰頭也會不招呼。肚子裏不願意，嘴上就說出來，有時還寫出來，得罪人不管，捱罵還是不管。讀書入了迷，半夜天亮全不在乎。有幾次我去看他，在沙發上把他搖醒，原來上一夜全沒睡，不知讀到什麼時候，一迷糊就睡在沙發上了。

晚年研究重心又一變，專意宋史了，已寫成的論文有六七篇，都很精警，有獨到之處。

蔭麟的性情、興趣就是如此。

蔭麟生活的儉樸，在朋友中也是知名的。從美國回來，有春冬兩套衣服，結婚時也沒有添置新的。不能喝酒，可是偏愛吹煙，煙不論好壞，只講究越便宜越好，因為橫直是吹，不吸的。在昆明住在我家裏的時候，在護國路橋頭買百壽紙煙數百包，一包值洋三分。房間裏滿地板全是紙煙頭。有好幾次吧，忽然看見有好煙，居然吸了半支，一會兒便撐不住了，說是醉了，一而再，再而三，也滿不在乎。胃量極大，一頓能吃半斤肉，常時吹牛，在留美時學會了烹調，在我的北平寓所，自己買了兩隻子雞，親自下廚，弄得滿頭大汗、半身油膩，到吃飯時，卻咬不動，嚼不爛，毫無滋味，大家笑了半天。買了一頂新呢帽，出去作客丟了，下次再買一頂鴨舌帽還是丟了，從此只好不戴帽子。結婚後第二天出去拜客，回來走到隔壁人家，看見主人，連忙說對不起，累你久候了，主人莫明其妙，過了一會，才明白他自己是客人。下午我去看他，正滿手是泥，蹲在地上搏土做假山，說是把朋友所送的花圈的花來佈置花園，好極妙極。我更正說是花籃，他也覺得不對，可是口頭還是倔強，掉口文說：「圈與籃雖不同，而其為花則一也。」朋友鬧他給起一外號，叫張文昏公，他無法賴，也一一給朋友起外號，迂公、迷公之類，把人家書桌上窗紙上全寫滿了。他還挖苦我，如你不幸早逝的話，我一定會編印遺文，墓誌、行狀、傳記之類，一概負責到底；當然，我也照樣還他一嘴。到今天想來，真不禁熱淚盈眶，誰又能料到十幾年前的惡謔竟然會成為語讖，這四年來我幾次為他寫哀悼追憶文字呢？

蔭麟死後的一個月，《大公報》替他發表一篇遺文，大意是對現實政治的控訴，天下為公恰恰是反面，選賢與能呢，選的是不賢和無能，舉出實證，文筆很犀利。王芸生先生似乎還加了一點按語，大意說是因為是死者的文字才能發表吧。

蔭麟早年即患心臟病，一登高就心悸，同遊華山時，攀登鐵索，那閉目搖頭的情形，惹得遊侶齊聲鬨笑。死，不料偏死於腎臟病。平時營養壞，離婚後心境壞，窮鄉僻壤醫藥設備壞，病一發就非倒下不可，非死不可。假使沒有這戰爭，假使這戰爭不能避免，而有一個好政府，或者是不太壞的政府，能稍稍尊重學者的地位和生活的時候，蔭麟那樣胖胖茁壯的身體，是可以再工作二十年以至三十年的。

中國的學者如此的希罕，已有成就的學者如此的被糟蹋，被淘汰，連草都不夠吃的蔭麟就如此寂寞地死去，寂寞地被人遺忘了。

但是，我仔細想想，從蔭麟身後發表的文字來看，假如這一年他不死於窮病，再多活三四年，再多受些磨折、考驗、洗煉，恐怕他還是得死，不過死法不同，不是死於窮病而已。

嗚呼！我又能再說什麼話呢！

作者附記：

　　這篇文章是蔭麟死後一個月寫的，原作是文言文。當時為什麼要用文言寫，現在已經想不起來了。發表在《人文科學學報》上。這刊物似乎除西南的朋友而外，別的地方很不容易看到。過了四年，回到北平之後，又是蔭麟的四周年忌了。心想總該有人有什麼文章提到他吧，出乎意外地似乎都忘記了。真不禁感到寂寞、悽涼。費一個晚上工夫，用白話改寫，因為原來有底子，這工作等於翻譯，吃力而不討好。蔭麟如健在，一定要大改一陣。可惜，他永遠不會了。

　　謝謝《大公報》，肯勻出地位來紀念這個人 ──《大公報》的老朋友和作者。

　　　　　　　　　　　三十五年十二月三十日晚補記

原載天津《大公報》，1947 年 12 月 31 日；收入《史事與人物》。

毛鴻上校

（一）

　　毛鴻上校，中等身材，黃黃的臉色，雖然才三十多歲，頭髮已經稀疏了，一年到頭穿着破舊而筆挺的軍服，普通話夾着湖南話，文縐縐的，老是帶着笑，我們都叫他毛教官。

　　我們同住在一個院子裏。他住在對面樓下兩間像鴿子籠樣的房子，外間是客堂，兼飯廳，兼書房，內間是臥室。床以外，堆着許多書，一頂舊珠羅紗帳子，任何時候，總是很整齊地束成中字形，床單也疊成一定的形式，想來是軍中勤務的多年訓練吧，我怎麼也學不會。小小的房子，配着他纖小的溫柔的太太，和嬌養的孩子，構成溫暖的整潔的家庭。

　　踞高臨下，我住在他對面的樓房，成天見面。在昆明經常被敵機轟炸那一兩年，我們一塊兒逃警報，在野地裏，無聊得慌，就談開了。傍晚回家，累了一天做不了事，還是接着談。到後來熟極了，到了無話不談的地步。

　　昆明是個暴發的小商業都市，我們的娛樂，看不起電影，逛街怕花錢，只好釣魚。我整了幾根釣竿，到需要休息的時候，就到翠湖旁的洗馬河垂釣。毛教官看了有趣，也跟着釣。他極細心，有耐性，不幾天就會了。有一天清早，他釣得尺把長的大鯽魚，險些把竿子弄折，喜歡得雙腳跳，大得太太的誇獎。從此更起勁了，清早傍晚都在釣。

有一天，他提議換一個地方，到昆明湖去。走了大半天，釣了大半天，水情不熟，到傍晚回家時，連一頭小蝦都無，大家心裏都着急，怕被人笑。恰好經過的地方有人賣黃�，一種無鱗而有長鬚的魚，只好買了一些回家充數。我不喜歡吃這種魚，就全部算是他的成績了。果然，他一家大小都喜歡，他也滿臉堆着笑。隔了幾天，忍不住還是說出來，挖苦他太太，釣的怎麼會全是一種魚呢？毛太太也笑說，我也早明白了，但又何必煞風景呢！

另一次，聽人說，西郊離城十里地有許多大塘子，魚很多。兩人興興頭頭起了個大早，跑了一身汗，走到了，果然有一個大塘子，水很清，可是奇怪，釣了大半天，釣絲一動也不動，換地方，撒魚食，想了一切方法，還是無動靜。時候已過午了，肚子餓得怪叫，還是不行。末了，只好問過路的看牛人，說是這塘子乾了有幾個月了，昨天才放水，從前是有魚的。只好索然興盡地回來。

此後，大家都忙着別的事，不大釣魚了。到前年冬天，他搬了家，不常見面了。有一天他一拐一拐來看我，談不上十分鐘，就到隔壁附中去上課了。不料過了兩天，得到他的死訊。

附中許多學生哭了，聯大更多的學生也哭了。他的一生是屬於西南聯大的，沒有聯大時就有他，可是到聯大快結束時，他無聲地死去了。

毛教官死時才三十七歲，除去就學的時間，大部服務時間都在聯大。

（二）

毛教官是為學生所喜愛的，一個大學的軍訓主任教官而能得學生的喜愛，恐怕他是僅有的一個。

主要的原因，大概是他在主持學生軍訓，而又理智上反對學生軍訓。

他對我說，我真不懂，搞了這許多年的軍訓，有什麼意義呢？說是為紀律，學生到底不是軍人，用不上這種紀律。說是為健康，已經有種種體育活動了，操一二三四無補於事。說是實施戰爭技術訓練，沒有一桿槍，連它的構造都搞不清，有啥用？說是為了生活的秩序，不是已經有了訓導處嗎？再來軍訓，豈非架床疊屋。若是為了鎮壓異端，監視反動分子，那可不是人幹的事！

不是人幹的事！真的，毛教官不但溫和、寬容，富於同情心、責任心，更重要的他還是一個正直的人。他決不肯作不是人幹的事。

舉一個例子吧。昆明學生**轟轟**烈烈的討孔運動後，聯大軍訓處奉到上級密令，要教官負責舉發這次運動的首要分子。

有幾個尉級教官興匆匆地動起手來，這一行為當然關係着幾十個青年學生的命運，集中營在等待着他們。

毛教官把文件都撕了，大聲說：＂誰讓你們幹的？這不是人幹的事！而且，為什麼？想記上功勞簿嗎？我是你們的長官，就算有功勞也該是我的，輪不到你們！＂

這件可能發生的恐怖案，就此結束了。

他沒有告訴學生，也沒有告訴別的人，在有一次偶然的談話中，他說出這件事。

他作軍訓教官，幹什麼事呢？清早天不亮起來，領學生早操，之後是替學生解決生活問題。電燈泡壞了要修，房子漏了要修，幫學生搬家，諸如此類的瑣事。學生有請求，他無不幫忙，學生的困難，他盡力解決。他的上司是訓導長查勉仲先生，勉仲先生是有名的查二哥，查菩薩，很契重毛教官，毛教官也確能夠幫助查二哥。

西南聯大有民主堡壘的稱號，這堡壘裏面的一個無名的英雄，沉默地本分地照顧學生的生活，決不幹＂不是人幹的事＂的人，就是毛教官。

毛教官了解學生，同情學生，不只因為他過去曾經是學生，而且一出校門就到長沙臨時大學，他沒有沾染上一切作官，尤其是作軍官的習氣，始終保有一顆純潔的心，理智的頭腦，溫和的感情。

戰局更險惡了，長沙臨大決定遷移到昆明，組織步行團，橫貫貴州。毛教官是步行團的隊長，教師同行的有聞一多先生。

在幾十天的徒步旅行中，毛教官和學生一樣生活，生活在一起，在感情上他成為學生的一分子了。

到了昆明，長沙臨大改組為西南聯合大學。

之後，敵人佔領安南緬甸，滇邊震動。西南聯大在四川敍永設分校，毛教官又跟着學生到四川。

敍永駐軍是陸軍預備第二師，有一天，學生和士兵不知為什麼衝突起來，有一個學生捱了一刺刀。這一天正好下大雨，毛教官戴着箬帽，穿着草鞋，跑了一天，和軍隊辦交涉。

這一天我在街上看見他，是第一次見面，印象極好。

另一次駐軍長官陳明仁將軍請吃飯，他也在座，從開頭到散席，不發一言。半夜回來忽然放警報，城門關了，是他去叫開城門。

在昆明同住一年多以後，他預備功課考陸大，成天成晚地趕，半夜裏起來讀英文，還請人補習數學，和我談歷史。昆明區考試居然考個第一，正擬到重慶覆試，晴天裏霹靂，沒有帶過兵的軍官不收，三四個月的辛苦完全白費了！

此後，他突然消瘦了，頹喪了。經常的笑容也似乎有點勉強了。

有一天晚上，他談起他的經歷：

是軍校畢業的，同期的若干學生早已當了師長、軍長了。他因為成績特別好，留校作助教，從此永遠作軍人中的文官，官階是按年資升了，作了陸軍上校；可是，他痛苦，就軍人說他是文官，就學校裏同事說呢，他又是道地軍人。文不成，武不就，而且，一家三口，還有老母要供養，弟妹要教育。

他過極端刻苦的生活，經常不大吃肉，有時在軍訓處吃包飯，霉黑米和清水白菜。

他發憤要改造這命運，咬着牙吃苦，咬着牙指住書本，一有空就自己學習，買了許多書，請同鄉的學生幫助進修。

他一定要考進陸軍大學，學一點專門學術，將來替國家真正做一點事。

但是，他一輩子沒有帶過兵，他們叫做"隊質"吧？沒有隊質，不能考陸大，這個門緊緊地關住，他沒有希望了，他支持不住了。

雖然如此，他還是有一個無可奈何的希望，希望他能在他所共甘苦的學校永遠安心工作下去。

有一次重慶的一個國立大學找他去作軍訓副主任，升了一級作少將。他拒絕了。第一他捨不得這個摯愛的學校。第二他也受不了那個學校裏他所不習慣的空氣。

他預備等戰爭結束，跟學校回北平，繼續他的學習工作。將來或者有機會參加留學考試。

然而，問題又來了，政府取消大學軍訓，這是一個致命的打擊。毛教官不但失業，而且，事實擺在那裏，他非離開西南聯大不可了。

當然，聯大當局尤其是查二哥是明白這個非軍人又非文人的人的功績的，就請他作聯大附中教官，照支原薪，還是在聯大作事。

然而，附中隸屬於師範學院，師院是決定留在昆明的。

從此，毛教官挹挹寡歡，加上骨節炎舊病也發了，一天天消瘦，終於倒下。在死前的兩天，還在附中上課，當晚吐了血，送進醫院，已經不省人事了，就此含恨以歿。

（三）

聯大分校，三校都遷回平津了。毛教官一人獨自長眠在昆明的東郊，他的太太和小孩流落在昆明。

學生和他的朋友募集了一點錢，雖然有百多萬，大概只夠安葬的費用吧！最近，在北平國會街舉行聯大校慶的時候，聯大學生出版的聯大校慶特刊，特別提到毛教官，提起這個善良的正直的人。

我自己，毛教官還曾替我留一個永遠的紀念，三年前我寫《明太祖傳》完稿，要寄到重慶付印，他自動建議替我謄錄副本，在這本書的小序上，我特別把這事情提出感謝。

這個善良的人，不為世人所知的人，沉默地工作，沉默地死去了。

在我的一生中，我永遠忘記不了這個人。我想，在聯大這個名詞還能給人以一種親切印象的時候，聯大學生也永遠不會忘記這個人。

十一月十八日於北平清華園

————————

收入《史事與人物》。

責任編輯：沈海龍

裝幀設計：胡春輝　高林

排　版：時　潔

印　務：林佳年

聽吳晗講古續編

恰逢這世求生不易，人鬼難分仍要為人一世

□

著者

吳　晗

□

出版

中華書局（香港）有限公司

香港北角英皇道 499 號北角工業大廈一樓 B

電話：(852) 2137 2338　傳真：(852) 2713 8202

電子郵件：info@chunghwabook.com.hk

網址：http://www.chunghwabook.com.hk

□

發行

香港聯合書刊物流有限公司

香港新界大埔汀麗路 36 號

中華商務印刷大廈 3 字樓

電話：(852) 2150 2100　傳真：(852) 2407 3062

電子郵件：info@suplogistics.com.hk

□

印刷

美雅印刷製本有限公司

香港觀塘榮業街 6 號 海濱工業大廈 4 樓 A 室

□

版次

2020 年 1 月初版

© 2020 中華書局（香港）有限公司

□

規格

32 開（195 mm×140 mm）

□

ISBN：978-988-8674-71-8